思想觀念的帶動者

文化現象的觀察者

本土經驗的整理者

生命故事的關懷者

心靈工坊
[PsyGarden]

H o l i s t i c

探索身體，追求智性，呼喊靈性
攀向更高遠的意義與價值
是幸福，是恩典，更是內在心靈的基本需求
企求穿越回歸真我的旅程

全球暢銷書《深夜加油站遇見蘇格拉底》作者
丹·米爾曼 最新力作

生命如此富有。

活出天賦潛能的心靈密碼

The Four Purposes of Life

丹·米爾曼 *Dan Millman*—著　陳芳誼—譯

對本書的讚譽

＊丹的新書提供精準與實際的導引，幫助讀者活出充滿意
義及目的感的人生。

──迪帕克‧喬布拉（Deepak Chopra）

The Soul of Leadership 作者

＊這本書不落窠臼，提供實際深入的做法，幫助我們活出
生命的神聖召喚。

──彼得‧羅素（Peter Russell），*From Science to God* 作者

＊丹‧米爾曼點醒了我們人性的關鍵力量，以及如何碰觸
與使用它們，用以創造一個更美好的世界。

──湯姆‧哈特曼（Thom Hartmann）

The Last Hours of Ancient Sunlight 作者

＊本書充滿技巧地兌現了書名的諾言，替生命帶來嶄新的意義和目的，適合在生命的十字路口徘徊的讀者閱讀，可以幫助他們找到清晰的方向。

──肯‧戴科沃（Ken Dychtwald）

Age Wave創辦人，*A New Purpose* 作者

＊在我人生中最黑暗的時刻，丹的《深夜加油站遇見蘇格拉底》向我伸出援手，幫助我找回光明。丹本人就是「愛與笑、活著與付出」的真人體現，在這本新書中，讀者也會見識到他的獨門絕活，而他的確再度做到了！

──音樂教父昆西‧瓊斯（Quincy Jones）

＊丹‧米爾曼的新書萃取出智慧精華，卻又簡單有力，像是暮鼓晨鐘一般提醒我們活出最棒的生命。他的個人故事也點出我們每個人會遇到的生命階段，提醒我們自己的生命目的為何；丹告訴我們如何在當下整合所有的知識，這是一本值得再三翻閱的好書。

──艾咪‧史瑪特（Amy Smart），演員及環境保護者

＊丹・米爾曼幫助我們做出目的清晰的決定，協助我們深刻看進每個片刻的中心……這是本優雅而充滿智慧的書籍。

——伊莉莎白・萊瑟（Elizabeth Lesser）
Omega學院之共同創辦人，《破碎重生》作者

＊再一次地，丹告訴我們活出美妙生命的關鍵。本書讀來令人心曠神怡，充滿深具意義的吉光片羽。

——瑪麗安娜・威廉森（Marianne Williamson）
A Return to Love 作者

＊這是本十分重要的讀物。

——艾德格・米契爾（Edgar Mitchell）
阿波羅14號太空人，The Way of the Explorer 作者

獻給我的父母，
赫曼（Herman）及薇薇安・米爾曼（Vivian Millman），
是他們賦予我自由，讓我找到自己的路。

生命的目的，就是活出有目的之生命。

——羅伯特‧巴尼（Robert Byrne）

在燈火闌珊處遇見生命大富翁

如丹・米爾曼之前的作品,他經常在書中引述一些
諺語或名言,讓我不經意地怦然心動,有時像一股
暖流滑過心頭,有時又如同禪宗般的當頭棒喝。閱讀中,
常常讓我不得不停下來,細細思索,檢視我自己的生命狀
態。

很多人在觀賞《在深夜加油站遇見蘇格拉底》這部電
影或讀這本小說的時候,不知不覺中被兩位主角的心靈對
話深深打動,彷彿深藏內在的潘朵拉盒子也被他們的真言
給掀了開來。作者的手法溫和,卻又毫不掩飾地將人性的
徬徨與無助描寫得透徹且分明。語句中讓很多不曾靜下心
來思索生命議題的人,開始進入如哲學家般的省思。

拜讀過他的新書《生命如此富有》之後,我更鍾情於
他了。去年,透過心靈工坊,《魅麗雜誌》有機會專訪到
米爾曼,我心想,如果能透析這位作者的思維模式,相信

對讀者一定會有更大的幫助。果不其然,本書對我有更直接且深刻的影響。

　　時下坊間有太多心靈書籍問世,但難得有一位如米爾曼這麼著重於心靈提升又如此入世的作家。這對於一心想追逐心靈平靜的讀者來說,是非常重要的提醒。

　　修行不在出世,而是在入世,畢竟,我們不可能離群而居。就算選擇出世修行,面對同修,還是可見處處瀰漫的人性角力。人,畢竟是人。經過自己多年的追尋與反思,所有的學習跟修行,應該是讓我更有能力面對挑戰、活出和諧、協助他人,而非視世界為敝屣。

　　相較於其它地區,台灣算是心靈產業非常殊勝的地方。從街上教會及廟宇的密度,一直到招牌林立的命相館,再再顯示這塊土地上的人對尋求平靜心靈的渴望。在心理學教育未普及之前,人們如果有任何心靈上的疑惑,只能依自己的緣分,尋求各種宗教的心靈洗滌;遇到工作瓶頸或感情出現危機,也只能向親朋好友打探,找個人氣旺的命相館就近投石問路一番。這都是一直以來,人們尋求心靈慰藉的渠道。當然,這當中療癒了許多人,但也讓

很多人更加受傷。

這些方式大多只能幫助人在心情上得到短暫的紓緩，卻沒有辦法讓人產生力量去面對生活的挑戰。畢竟，一個無論從內在或外在真正成功的人，絕對需要具備某些勇敢的特質。

丹‧米爾曼的筆鋒蘊藏著一種力道，一種韌性，一種溫馨，一種鼓舞。

他是一個運動家，一個體操選手，一個體育教練，一個武術輔導員。

他字裡行間滲透出來的毅力，及身為運動員的堅持與耐力，是一般心靈作家所呈現不出來的，同時，也是我們一般人缺乏的品質。改變，絕對需要有過人的決心，絕非想想、說說就算了。

在這一條道路上，我遇過太多出世的修行人，其中以棄俗為傲的人不計其數。然而，修行者當中真的有運動家棄而不捨精神的少之又少，修行，不知從什麼時候開始，已成為一種逃離世俗的合理代名詞。

人們以為成道、成佛就能免於世間的苦難，孰不知，

我們必須鍛鍊自己在先，才能祈求雙肩變得更強壯。一個優秀的運動員，必然歷經許多刻骨銘心的心靈磨難，這是我們大多數人所望塵莫及的。看看四周，每個人理念上都知道要運動，但持之以恆的又有多少？

運動家首重紀律，要有恆心，要有突破極限的決心與耐力；要勇於競爭，不怕失敗，勝不驕，遇到困難不氣餒；要不斷找回意志力、鍛鍊肌肉，挑戰極限，創造自己在群體中的價值；不計個人成敗，全力以赴，以團隊為榮等等。這些都是很務實且可貴的品格。身為一位專業運動教練，我深刻感受到米爾曼對團隊合作與服務精神的重視。

以上的修練，對我來說，實屬不易。身心靈的提升絕非只是打高空，蔚為一種時尚風潮而已。一個真心渴望覺醒的人，絕對需要具備運動家的精神，才可能在靈性成長上有所斬獲，因為我們與整個大環境都是一體、共存的。

在東方，尤其是台灣，運動確實被大量忽視，學校不重視，家長更不鼓勵。既然我們身旁缺乏這樣優秀的運動員為榜樣，又如何培養這樣的情操？

感謝丹‧米爾曼，也感謝出版社讓我有機會進入一位優秀運動家的思維，造訪他的精神世界。閱讀中，我感知到一種不同的躍進，不同的穿越，不同的洞見，這很明顯有別於我在其他讀物的領會。

對平常缺乏運動鍛鍊又渴望靈性提升的人來說，這是個特別的大禮。本書幫助我看見一些我有待加強，平常忽視的靈性弱點，這是一件好事。有如作者常說的：就做吧！

而對於本來就投身運動的人，本書可以是一種心靈上的拓廣。它點出你們已經具備，有別於一般人的精神修為。加油，肢體的鍛鍊，早已默默把你們推往靈性的更高峰。

身心靈成長，總帶給人無盡的喜悅。讓我們一起為人性的卓越盡一份小小的綿薄之力。共勉之！

賴佩霞

魅麗雜誌發行人、心理諮詢師、企業培訓師
暨南大學國際關係博士候選人
作家、歌手、主持人、畫家、攝影家

目 錄

第一種目的：

22　學習生命的課題

我們每天所面對的種種挑戰，
都為我們帶來學習、成長及觀點。
生命經驗的價值取決於我們在過程中學到什麼，
無論是順遂或困難，
都能帶領我們朝向更高的智慧境界邁進。

第二種目的：

48　找到事業與志業

我們必須看見自我認識的重要性，
並結合邏輯與直覺，
才能在生命的交叉口做出最睿智的決定，
同時我們提供的服務會成為一條充滿意義的道途，
引領我們並在靈性上有所成長。

第三種目的：
120 發現生命道途

我們來到這世界的內在召喚，是一條獨特的個人道路，
藉由生命靈數系統，
我們能看到自己擁有的力量與即將面對的挑戰，
並獲知人生中更深刻的使命。

第四種目的：
158 專注於當下

過去是回憶，未來是想像，
和過去或未來相連的目的並不切實際，
那些只是心靈捏造出來的幽靈，
而留意升起的每一個當下，
我們將找到簡單的人生之道。

前言

將人生經驗歸納為四種根本目的，
會替我們打下基礎，
並指出究極、超越的覺醒道途，
而那是所有偉大的靈性傳統殊途同歸之處。

當今的世界充滿變化，人們生活的步調不斷加速，要保持平衡和方向感並不容易，但我們仍盡力想做到，因為方向感——也就是自己正朝著有意義的目標邁進的感受——是快樂的主要泉源。在人生的追求中，旅途的過程絕對比目的地更重要，然而，倘若沒有目的地在前方召喚，也就毫無旅程可言，我們只能漫無目標地遊蕩。

打從還是嬰兒開始，我們便懂得追逐目標，也總是被

渴望的事物所吸引，然而在成長的過程中，困惑感逐漸混
淆了我們孩提時代的簡單想望，特別是青少年時期所遭遇
的兩難和不安更是影響甚鉅。然後，我們本來**想要的事物**
不再純粹，被自己或他人認為我們**應該**做什麼的期望給抹
去；我們開始懷疑自己的渴望、質疑自己的動機，甚至茫
茫然不知所終。

　　在我的第一本書《深夜加油站遇見蘇格拉底》裡，被
我稱為蘇格拉底的老加油工說過：「所有的追求，無論是
對知識成就、權力享樂、愛與富裕或甚至是對靈性體驗的
追尋，都源自於對快樂的嚮往。」一開始我們受進退兩難
的感受驅動而展開追逐，但追逐的過程只是更加強化這種
感受，因此他建議與其尋求未來的快樂，不如在每個升起
的當下**練習**「毫無理由的快樂」。

　　當我停止追尋並開始練習後，我漸漸了解到，與其
說是快樂的感受，所有人需要的其實是清晰明瞭的**目的**，
也就是一個充滿意義的目標或使命，將我們與其他人緊密
連結著；而維克多‧法蘭克（Viktor Frankl）在《意義的
呼喚》（*Was nicht in meinen Buchern steht*）一書中也曾提

及這種對目的及方向的根本需求，就心理成長來說至關重要，就像我們的生理仰賴食物供給養分一樣。

不過，日常生活的種種職責讓我們無暇深思生命中比較深刻的議題，只有在極少見的情況下，例如獨處靜默、轉變或傷慟發生時，我們才不得不捫心自問：我究竟想要什麼？我要怎麼知道自己是否已經擁有？擁有後又會變得怎麼樣？得到我想要的東西，就能帶我到達想去的地方嗎？到最後，我的生命究竟有什麼意義？

也許我們一直好奇自己為何會降生於地球，或者來到這裡要做些什麼？這些「我們存在的理由」以法文來說就是「Raison d'être」，這是使得一切井然有序的原則和方向感，讓我們的生命得以塑造成形並充滿意義；而歷史上數不盡的偉大人物如聖女貞德（Joan of Arc）、聖雄甘地（Mohandas Gandhi）、尼爾森‧曼德拉（Nelson Mandela）及達賴喇嘛等，也正是因為有著清晰的目的，才吸引無數追隨者如飛蛾撲火般替他們的使命效力。

本書靈感源自於我個人對生命目的的追求，不僅匯集了先前作品中的元素，更首次以最完整的面貌將之呈現。

我曾相信人生的目的就是工作，於是從二十幾歲到三十幾歲都致力於尋找事業的召喚，直到花了十年進行探索及內省後，我才了解事業僅是生命的四大目的之一。

但又為何是四大目的呢？有些人可能認為唯一（或靈魂）的目的便是學習愛的課題，亦即愛是所有問題的解答，或認為人生的究竟目的是靈性覺醒或臣服上帝；也有人指出以生物學的角度來看，人類存在的主要目的就是組織家庭，與伴侶緊密結合、繁衍並照料後代子孫；更甚者，還有人可能提出人生有三、五種其他目的，或認為有多少種人就有多少種目的。

然而正如同一年劃分為四季，指南針坐擁四個主要方位，將人生經驗歸納為四種根本目的，可以協助我們產生井井有條的感受，進而更懂得如何度過一生，此外這四種目的也會替我們打下基礎，並指出究極、超越的覺醒道途，而那是所有偉大的靈性傳統殊途同歸之處。

本書即將探討的第一種目的是**學習生命的課題**，其主要前提是地球像一間學校，而日常生活便是教室，我們每天所面對的種種挑戰（無論是在關係、工作、財務或健康

等核心領域）都為我們帶來學習、成長及觀點。生命經驗的價值取決於我們在過程中學到了什麼，而困難來襲的日子可能提供最多寶貴的教訓，讓我們能發展自我意識及反省能力，藉以朝向更高的智慧境界邁進。

第二種目的是**尋找我們的志業及事業**，此處強調自我認識的重要性，並提倡必須結合邏輯與直覺，才能在生命的交叉口做出最睿智的決定，此外本章也說明我們提供世界的服務能同時成為一條充滿意義的道途，引領我們並在靈性上成長。

第三種目的是**發現我們的人生道路**，本章將探討我們來世間一遭的內在召喚，這是一條獨特的個人道路，但對許多人來說仍晦暗不明；本章將討論我們擁有的力量和即將面對的挑戰，點出人生中更深刻的使命。

第四種目的是**迎向當下**，本章節將前三種目的加以聚焦，同時提供踏實的做法，讓我們能每一秒都帶著覺察和恩典整合所有的知識。

本書的創作是為了所有渴望更深入認識自己和生命的人，特別是那些此刻站在人生分水嶺、面對一項挑戰或

改變的人，對他們而言，「照慣例處理」的說法已不再適用。現在就加入我的行列吧，讓我們一起探索人生的四大目的，了解在不斷變動的世界之中，它們如何提供人生意義和方向！

學習生命的課題

- 學聰明
- 變成熟
- 醒過來

智者從困境之中學習，愚人重覆相同的過錯。

— 諺語 —

1-1. 地球學校

生命會持續提供各式各樣的挑戰，
協助我們成長和進化，
許多無法預測或掌握的事會一件件冒出來，
我們無法改變湧入的浪潮，但可以學習如何乘浪而行。

地球是一間絕佳的學校，日常生活則是我們的教室，這已是眾人耳熟能詳的說法，但接下來的內容將帶領我們學著欣賞自己生命經驗的豐富價值。一旦我們與一個更高的真理邂逅：「我們出現在地球上並非為了汲汲營營追求成功，而是來此學習」，這個中心思想將滲透精神和心靈，我們會停止追尋並開始信任，與此同時，日常生活也**保證會**教導我們所需的一切，幫助我們成長、進化，

並醒悟出人生中的更高目的。

其實，我們現在就在演化進步了，因此只要持續學習，就不會有失敗的可能。如同石頭被潺潺河水緩慢磨亮，我們也在生命之流中逐漸蛻變，印度靈性導師雷瑪克里希那（Ramakrishna）曾說過：「如果核桃外殼仍是青色時，幾乎是不可能打開它的，但當核桃成熟時，僅需輕輕一敲，殼就開了。」同樣地，日常生活的課堂正好能讓我們慢慢成熟。

幾年前我收到一封信，信上吐露了許多人的共同心聲：「自從讀過你的第一本書後，我對靈性修練越來越感興趣，但我有老婆和三個小孩要養，同時還有一份全職工作，忙成這樣我還能修練嗎？」

我回信告訴來信者，他的老婆、孩子和工作就是他最重要的靈性課題，因為真正的修練離不開日常生活，甚至生活是修練的主要核心。作家艾妲兒·萊拉（Adair Lara）也這麼說：「有些人和我一樣，才剛開始領略到平凡的生活也如宗教一般具有強大力量，看見靈性光輝閃耀在剛擦過的地板與剛洗好的碗盤中，還有在曬衣架上隨風

搖曳的一排衣服裡。」所以，日常生活及其中的旅程永遠
是我們的主要導師。

　　本書將同地圖一般在路上指明方向，並引導我們在世
界學校中學習成長。以下是些小提醒，它們同時也是日常
生活課堂的運作方式：

一‧同樣的課題會反覆出現，直到我們學會為止

　　有時我們會領受一記當頭棒喝，但仍寧願將頭埋進
棉被裡，好再沉入夢鄉享受一陣美夢。我們可能會忽略、
抗拒、合理化或否認現實，然後持續好長一段時間仍是
如此，不過沒關係，我們可以設定自己的課業進度──然
而，除非我們改變自己的行為，不然同樣的課題會一再出
現。

二‧如果我們學不會簡單的課題，它們會越變越難

　　抗拒學習（或改變久了，會帶來更戲劇化的後果，不
過並非藉此懲戒我們，而是想獲得我們的注意力，一如女
作家阿娜伊絲‧寧（Anaïs Nin）曾說過：「總有一天，花

苞緊閉所帶來的痛苦，會大過於綻放的風險。」

三‧我們從挑戰中學習和成長，每個艱難的處境下都藏有禮物

我們都曾經歷身體、心理和情緒上的痛苦，然而每次挑戰都會帶來更多的力量、智慧與觀點。我們可能不會馬上歡迎挑戰或擁抱意外的改變、失落或失望，但事後回首時，才猛然發現隱藏於困境苦難中的禮物。

看到這裡，也許我們會這麼想：「哦，拜託！這些都老掉牙了，什麼當上帝關上一道門時，必會為你開啟另一扇窗；每朵烏雲都有閃耀的銀邊〔註1〕；殺不死我的，必使我更堅強……」

但我不會滔滔不絕地講些陳腔濫調，或大力宣揚所謂的「正向思考」，畢竟老實說，痛苦和困難不是什麼好玩的事，我自己便是活生生的見證。多年前，一場摩托車車禍粉碎了我的大腿骨，不僅復原之路苦難交織，那次經驗也改變了我的人生道路。我開始探究一些人生中更大的問題，並敞開心胸接受嶄新的道路，倘若沒發生那場車禍，

我根本不會注意到這些；而且從幽暗深谷中爬出來的經驗，讓我生出力量來攀登內在的群山峻嶺。

我絕不推薦用骨折這種方式達到個人成長，但我學會將每次的磨難視為一種靈性舉重——而我們都在接受訓練。

我受的傷只是人類在地球上所受的百萬種苦難之一，比之更痛苦的還有耗人心神的痼疾、童年遭受到虐待，甚至是苦不堪言的赤貧生活等，不過無論生命有多坎坷，我們還是擁有成長的潛力。二〇一〇年十一月二十六日，紐約《時代》雜誌的「讀者投書」專欄中，一位名叫貝蒂‧羅琳（Betty Rollin）的女士寫了以下這段話：

距離我第一次進行乳房切除手術已有三十五年，距離第二次的則是二十六年，如今，我對於罹患癌症居然奇怪地感到歡欣愉悅——但這可不是推薦各位得癌症——我只是逐漸了解到，即使某些事情實在糟糕透頂，也不表示你無法從中受惠。許多人都會面對其糟無比的事，然而只要開始注意到某些回饋，就會令人十分開心，例如癌症倖存

者會發現自己看待呼吸的方式和其他人不同，還能呼吸令他們對許多事充滿感激，這是健康的人無從感受到的，而感激是人生所能追求的最佳境地，它將擊潰「我真可憐」的心態。

我們有時會陷入「我真可憐」的模式，就像有個人曾問我：「人生為什麼這麼難？」我回答他：「你希望人生很簡單嗎？那就不要結婚、不要生小孩，不要扛任何的責任或有任何情感上的牽掛，而且永遠都只做到最低限度，絕對不要自願付出，此外還要能甘願過著渺小低微的人生。這樣你的人生會顯得比較容易，但人類活在地球上的目的，難道是為了要盡可能活得簡單？抑或我們是來這裡變得更強壯和更有智慧的？」

我相信聖奧古斯汀知道答案，因為他曾說過：「主啊，我不求負擔變輕，只求雙肩變得更強壯。」

當然，我們可以尋找更簡單、有效的方式達成目標，不需要追逐險阻或製造不必要的障礙，不過與此同時，生命會持續提供各式各樣的挑戰，協助我們成長和進化。許

多無法預測或掌握的事會一件件冒出來，我們無法改變湧入的浪潮，但可以學習如何乘浪而行，就像我的心靈導師蘇格拉底說的：「有時候你有電梯可坐，有時候卻得攀爬機井。」不過，癌症倖存者貝蒂・羅琳和許多人都了解，巨大的苦難往往會附贈意想不到的益處，這也是為什麼有時候我們自願受苦。

自願受苦是為了個人成長

選擇接受運動或音樂訓練、準備大學或研究所考試、演戲、畫畫和磨練其他藝術才能，這些都是自願受苦的形式，因為過程中我們必須與內在、外在的阻礙正面交鋒，面對自我質疑與沮喪、挫敗。訓練的種種要求暴露出我們的弱點，但也培養了我們的力量，因此承諾做任何一件辛苦的事，都能成為個人成長的方式。

日常生活也提供其他自願受苦的方式，例如維繫一段長期感情和教養小孩，儘管會帶來許多愉悅歡樂，卻也帶來巨大的挑戰；而在商業世界中擔負重任或照顧年長的雙親也是如此。日常生活的學校中，每個人都有自己的功

課。

　　雖然有許多苦難是**非自願的**，例如一位酒醉的駕駛撞上我們、失去工作或所愛之人，或是儘管我們飲食健康又規律運動，還是診斷出得了癌症，但我們的確自願選擇了不少的日常考驗──我們報名登記，然後下場挑戰，例如選擇（或讓過往選擇累積成）目前的對象、居住的地方和目前從事的工作。藉由完全對過去的選擇負責，我們可以重新找回做決定的力量，只要我們能盡量讓生命發揚光大，生命也會回報給我們最棒的收穫。

　　如同蘇格拉底在《深夜加油站遇見蘇格拉底》中提醒我的：「面對生命的方式創造出勇士，我們都是受訓中的和平勇士，而每段生命都是英雄的旅程。」

註1：此句意思類似中國成語「塞翁失馬，焉知非福」。

1-2. 十二堂必修課程

這套課程設計精良、彼此環環相扣，
所有科目都同樣重要，而且全都是必修，
無論有無通過，永遠死當的情況並不存在，
我們只會持續重修或進步。

除了稍後會介紹的核心課程外，地球學院擁有明確的規範，也可稱為自然或宇宙法則。這些規範反映出實相，也就是宇宙的機制，同時它們也提供了指南，告訴我們在學習過程中該如何以智慧行事，因此越了解並尊重這些法則，我們的教育歷程便會越順利。

在科學領域中，宇宙法則以數學的精準加以呈現，例如 $E=mc^2$ 的公式；在宗教上，法則演變為十誡、猶太

法典、可蘭經或黃金律〔註2〕，但它們並非建築在道德觀念之上，而是以行為及其後果為基礎。有些人說道德觀來自於以上的律法，有些人則說道德是人為的產物，道德戒律因文化和時空而不同，因此哲學家伯特蘭·羅素（Bertrand Russell）認為「罪惡的定義會隨地理位置而變動」。不過智者也觀察到，行動將導致結果和教訓，至於我們是否學到這些課題，或者同樣的課題是否會反覆出現，端視我們目前是否已準備好及夠開放而定。

自然世界以最純淨的方式揭露、反映出宇宙法則。舉例來說，我們可以觀察大樹如何扎下堅實的根，但又保有充滿彈性的枝枒，如此才能抵禦強風；還有河水如何優雅地流過眼前的阻礙，找到阻力最小的路徑；以及四季如何以自然順序遞嬗。

日常生活反映了這些學校規則，呈現出以現實為基礎的處世之道，我稱之為**和平勇士之道**。透過觀察，並讓我們的生命及行動符合這些現實法則，我們便能學習、成長，並且在令人動容的恩典之中進化。

如果地球是一間學校，我們必須修完哪些課程才能畢

業？幾年前，我領悟到有十二堂必修課程，它們隱藏在每日生活下（或背後），這些科目包含自我價值、紀律、生活福祉、財富、心靈、直覺、情緒、勇氣、自我認識、性與愛和服務貢獻，以下將逐一說明並介紹。

　　這套課程設計精良、彼此環環相扣，所有科目都同樣重要，而且全都是必修；我們可能今天才面對健康或財富的考驗，明天就遇到關於勇氣的臨時抽考。課程沒有分數評比，只有通過或沒通過，通過代表我們有進步，沒通過則生活會繼續提供學習的機會，讓我們下次能做得更好，所以永遠死當的情況並不存在，我們只會持續重修或進步。

　　記住，靈性生活得從地面上開始，而不是一開始就能騰雲駕霧，即便是奧林匹克選手，也得從基本功開始練起。隨著在這些領域的技能日漸提升，我們會開始經驗到真正的成功，而且無論是在清晰度、能量和行動上都能提升到更高的層次。

　　接下來是生命課程的十二門必修課簡介，請一邊閱讀，一邊想想目前我們在各個課程的進度，以及還有哪些

地方可以進步。

一‧自我價值感的基礎→別再擋自己的路

　　生命提供了許多機會和選擇，但我們能接收、達成或享受多少，全取決於認為自己配得或值得多少。俗話說：「勤問必有所得。」問題是，我們樂於尋求什麼或為了什麼而奮鬥？雷瑪克里希那也這麼說：「天堂可能降下如海水般豐沛的福祉甘霖，但如果你只拿出指頭大小的頂針來接，那就只能接到那麼少。」所以，如果我們奉行「乞丐命，沒得挑」的信念，選擇就真的只有一點點。

　　自我價值感低落是自我破壞的主要元凶。很少人會故意破壞自己的關係或財務狀況，但我們有時候可能會懷疑：「我為什麼會說那種話？我為什麼會做那種事？」生命學校的第一課教導我們，不再只是拿根小頂針說：「哦，我真的無法領受富足！」而是轉為敞開雙臂說：「太棒了！謝謝祢！」認識到自己與生俱來的價值，將擴展我們的視野，帶領我們迎向更豐富的生命。

二‧意志力的根源→練習自我約束

　　許多人都知道規律運動、均衡飲食、良善和氣、放鬆自得和打破不健康習慣的好處，但所有個人成長的最大挑戰，就是如何將知識轉換為行動，也就是將我們所知道的事情轉變成行為。有些人可能會未經思慮便行動，但大部分的人都是坐著空想而已。

　　意志力並非由天而降，而是一股我們與生俱來，但等著實際運用的強大力量。其實也不用想得那麼難，每當完成一件像是倒垃圾、洗衣服、做好工作或作業的任務時，我們就運用了一次意志力，所以這個科目我們每天都會修到，也能由此透過達成目標，找回自己的意志力。隨著我們的技能逐漸進步、了解也越來越深，就越能明白生命是由我們每天的行為打造而成的，不管我們喜不喜歡這點都一樣。

三‧身心健康→健康與活力之道

　　我們的身體是在地球生活的基礎，也是這輩子唯一能保證擁有的資產。良好的照護和飲食是一切的前提，充滿

活力的身體能強化力量、心智敏銳度、療癒、人際互動和其他所有的生活面向。基因固然會影響健康及壽命，但生活方式或每天的選擇仍幫我們保留了彈性空間，而生活學院的前兩項基礎課程（自我價值感與自我紀律）恰好能啟動充滿活力的健康生活方式。

這門課在時間和經驗的累積下，將傳遞給我們生活的智慧，因此定期適量的運動、均衡的飲食與充足的休息，會讓我們更有活力地修習其他課程。

四・金錢及價值→建立穩定和富足

許多人的生活忙於賺錢、花錢、存錢，我們每天花上大把時間工作以賺取更多金錢，但對擁有宗教或靈性傾向的人來說，金錢仍無法讓人盡信，因為它會引發出錯綜複雜的情緒，就像已故拳擊冠軍喬・路易斯（Joe Louis）曾說過：「我並不是那麼愛錢，但錢可以鎮定神經。」

然而到最後，我們會了解金錢是能量的形式之一，它只會放大我們原本的樣子，所以金錢帶來的是束縛或自由，完全取決於我們如何管理它。本課程無法讓所有人發

財致富，卻能指引一條創造富足及穩定的道路，甚至引領我們走向令人擁有深刻滿足的慈善道途，一如阿拉伯諺語說的：「如果你家財萬貫，付出你的財富；如果你一貧如洗，付出你的心意。」

五·探索心靈→內在世界的本質

　　作為核心課程中的一項科目，這一課幫助我們了解主觀意識如夢似幻的本質。老子說：「下士聞道，大笑之。」〔註3〕沒錯，實相並不如我們腦中所想，我們有如透過一扇彩繪玻璃觀看世界，上面塗滿個人的信念、解讀和連結，因此看待事物時看見的不是**他們**的樣子，而是**我們**的樣子。

　　頭腦讓我們思索哲學議題、解決數學問題和吟詩作對，但也同時產生一連串的靜電干擾，亦即我們所說的雜念。那些念頭看似隨機升起，然後闖進我們的意識，但這種心靈噪音是很正常的現象，和睡眠中作的夢並無二致，因此我們的教育目的並不在於和雜念搏鬥，而是在當下超越它們。當下並無想法存在，只有意識，心靈的解脫並非

存在於想像出的未來中，而就在此時此刻。

六‧直覺之門→尋求潛意識的指引

　　在我們每日生活的意識之下，潛埋著一個孩童般的意識，它像一位僧侶、一位神祕主義者，會編織夢境並管理直覺。我們的潛意識心靈（或稱身體智慧）背後是一座寶庫，裡頭滿是直覺指引和生存技能，它能幫助我們做出深思熟慮的決定，甚至可能在千鈞一髮時救我們一命。到最後，日常生活會教導我們相信直覺的價值，以禪宗劍道大師弟子丸泰仙（Taisen Deshimaru）的話來說，就是「用全身去思考」。

　　幾乎所有的科學發現都來自創造性的靈光一閃，然後再透過科學方法進行驗證，因此愛因斯坦才說想像力比知識更加重要。如果我們能讓直覺成為理智的首席軍師，就能整合理性和信仰，打造出通往智慧的橋樑，以及感受世界的嶄新方式。

七‧感覺的本質→達到情緒自由

情緒在人類生活中扮演核心角色，所有汲汲營營的追求背後，都是渴望更常擁有**好的**（快樂、滿意、滿足、自信）感覺，並且減少**不好的**（焦慮、悲傷、憤怒、恐懼）感覺發生。在美國及許多國家，人們花上總計數十億的個人醫療費用並購買數不盡的書籍，想將糟糕的感受或想法驅逐，以便擁有好的感受，然而與此同時，情緒仍如同海浪般起起伏伏，像是浮雲飄過天際般不受任何拘束。

慢慢地，現實的學校會教導我們接受、認可自己的情緒並從中學習，既非嘗試修正或控制它們，但也無須讓它們決定我們的行為。生命經驗顯示出，比起總是倏忽即逝的情緒與想法，我們對行為擁有更高的掌控力，而這種體悟讓我們不再只是直覺反應，也將我們從令人困惑的肥皂劇中釋放，讓我們得以建立穩定、成熟與負責的行為。

只要我們學會像技巧高超的衝浪者一樣駕馭情緒的浪潮，便能領悟到重要的真相，也就是我們不需要**感覺**慈悲、和平、自信、勇敢、快樂或親切，只要表現出那樣的**行為**就好。

八・勇氣的基石→面對恐懼

　　在這堂課中，我們與最原始的情緒「恐懼」正面交鋒，它可能使我們麻痺無力或湧出強大的力量，也可能結束或拯救生命。恐懼能警告我們真正的危險，讓我們做好充分準備，採取預防措施或迴避某些情境；恐懼也能讓生命充滿焦慮或自我質疑，想想有多少人因為恐懼未知而錯過機會？更何況，我們也可能害怕被拒絕、失敗，甚至是成功。

　　在日常生活裡，當我們面臨人身安全時，要學著聆聽恐懼的建議；當我們經歷更為主觀的恐懼情緒（羞窘、出糗、受拒）時，更要去感受恐懼，並鼓起勇氣採取行動。有勇氣並不代表沒有恐懼，而是代表征服了它。英雄也會經歷懦夫的恐懼，只是他們有不同的回應罷了。

九・認識自己→在影子中找到完整感

　　在孩提時代，我們的力量和魅力來自真實，因為那時我們的行為尚未受到惺惺作態或表裡不一所稀釋。隨著年歲漸長，我們開始說些社交謊言、矯揉造作地討好或敷衍

他人，同時拋棄內在不受肯定的部分，也因此，我們創造出一個影子人格，材料正是我們完整人格和潛能的碎片。

　　不過，當我們長大成熟，了解自己往往才是問題的根源，此時慈悲的自我觀察之旅將引領我們走向更深的自我認識。一旦意識的光穿透影子，否認將不敵真實，我們會接受自己（及他人）的原貌，而不是強求自己（或他人）改變。若能擁抱我們人性中的所有面向，就能迎向真正的成長和轉化。

十・性生活→了解愉悅的原則

　　追求親密的性關係是非常自然的渴望，就像雷陣雨及四季變換一樣正常，但若我們壓抑或濫用性的能量，就會衍生出上癮症、衝動與充滿罪惡感的祕密。這個課程是關係的一部分，教導我們如何觀察、接受、享受及傳輸「性」的創意能量，而非沉溺或否定它。

　　無論我們年輕或年長、是否擁有性生活、是否曾遭性虐待或有美好的性經驗，也不論性向為何，每個人都有可以探索的領域。性的議題很少只和性行為本身有關，通常

問題都來自於不切實際的信念、恐懼、不安或妒忌，還有身分認同的歧異。我們的人生功課包含肉體上的衝動，但更重要的還有意識、平衡、信任、開放、誠實，以及達成真正親密的勇氣。

十一‧愛之道→喚醒心靈

儘管世世代代的騷人墨客寫作無數，愛仍然無法被定義。愛可能是感性的迷戀、賀爾蒙引發的化學反應、性愛的歡愉、家庭的奉獻，或是任何一種讓我們感覺愉悅的事物，此外，我們知道愛可以是名詞，也可以是動詞，還有愛可以是一種感受，也可以是一種行為。

生命的經驗告訴我們，愛的本質是會進化的，從一種發生在我們身上的情緒，其出現與消失都不受控制，到成為可以學習「我們從接受愛，到能夠給予愛」的一門藝術。在逐漸成熟的過程中，這門愛的練習課將讓我們從起伏的情緒中解脫，即使是拒絕時也能對他人展現愛與仁慈。這就是愛的力量和心的教育。

十二‧服務與意義→完成生命循環

我們都知道服務是好事，因為服務他人將我們拉出自我的象牙塔，將注意力轉向世界；但服務不僅是我們替他人做的事，同時也是一種自我超越的行為，也就是我們做出與自身利益無關的事情。

生命的最後一課將其他所有課題都緊密連結，服務是一種瑜珈修行、友誼的催化劑，也確立了我們共同的人性。即使是最微小的自我犧牲行為，例如付出我們的時間、能量或注意力，都將我們的注意力從「這對我有什麼好處？」轉為「對所有當事人來說，最佳的狀況是什麼？」

我們替他人提供的每一項服務，都代表自身靈性成熟的果實，同時完成了課程和生命的循環。透過服務，我們將找到充滿目的和意義的生命，我們彼此連結，也和世界連結。

在前往生命的第二項目的之前，花幾分鐘想想我們在地球的十二項核心課程中已經達成的成就──自我價值、

紀律、生活福祉、財富、心靈、直覺、情緒、勇氣、自我
認識、性與愛和服務貢獻——看看自己已經接受過多少試
驗，學到多少東西。不過，也不用太陶醉在這十二項課
題，因為更重要的目的是，學習生命的課題會帶來更深刻
的智慧與觀點，也會讓我們更懂得感激日常生活所蘊含的
價值與意義。

註3：《道德經》第四十一章原句為：「上士聞道，勤而行之；中士聞道，若存若亡；下士聞道，大笑之。不笑不足以為道。」大意是講世人「聞道」後的三種境界，最低一種境界是聞道而大笑，因為此等人無法窺透天機，反而覺得荒謬。老子由這三種境界，側面說明宇宙真理深藏不露的特性，是一般人所難以理解的。

找到事業與志業

- 選擇令人滿足的工作
- 追求品質以上的生活
- 提供實用有益的服務

無論你的人生功課是什麼，做好它，

做到任何人都無法超越的地步。

如果你恰巧成為一位清道夫，

將清掃街道視為像米開朗基羅在畫畫，

像莎士比亞在創作詩集，像貝多芬在譜奏樂曲；

全心全力地做好清掃街道這件事到極致，

讓所有天上地下的神明和世人，

都不禁駐足感嘆：

「這真是一位傑出的清道夫啊！」

── 馬丁‧路德‧金（Martin Luther King）──

2-1. 什麼是事業，什麼是志業

真正的志業往往與服務他人有關，
對有些人來說，事業和志業已融為一體，
然而沒有哪種方式一定比較好，
因為每個人都有屬於自己的發展過程。

無論是住在富裕高級的郊區、平價擁擠的公寓或農村小鎮，每個人每天都擁有二十四小時，其中大約十六小時會處於比較清醒的狀態。和多數人一樣，我們會花上大部分時間參與或追求能提供目的感的活動，同時獲得一些物質、心理和情緒上的報酬，而無論目前是仍在就學、擁有全職或兼職工作、待業中、考慮轉換職涯跑道，或甚至將臨退休之年，第二種目的都會協助我們用一種新

的角度看待自己提供的服務（或想提供的服務），並且這些服務與我們的興趣、能力及價值觀相符。

聽到「生命中的目的」這個詞，大多數人會想到自己的事業或志業，在此讓我們先釐清這兩者的定義。

「事業」指的是我們提供的服務，也就是付出時間、精力、注意力、知識、技能與經驗，藉以交換一份薪水或其他收入與福利，我們通常也稱之為自己的受聘項目、業務、謀生之道、職業、生計、投入的產業、行業、專業，或「只是一份工作」。我們可能有許多理由而得每天工作，但除非已達到財務自由，不然賺取收入很可能是主要的事業動機。

至於「志業」，指的是個人的興趣、吸引力、傾向、動機或熱情，通常（但並非總是）是較高層次的。那不是我們想做的事情，而是**必須**做的事情，它能捕捉我們的想像力、深深觸動心靈並讓我們完全沉浸其中，甚至無法解釋那份悸動從何而來。志業可能以藝術、手工藝或其他創意活動的形式展現，例如寫作、繪畫或玩樂器；也可能是某種志願服務，例如教學、服務孩童、老人或其他慈善工

作。此外，有些人想為自己的社區或更寬廣的世界帶來改變，於是踏入宗教、軍事服務、政治活動或環境保護等領域，至於照顧家庭及養育小孩，則是最高尚和根本的志業之一。

真正的志業往往與服務他人有關，因此個人的休閒活動被我歸類為興趣或愛好，例如打高爾夫、玩保齡球、打獵或釣魚、裁縫或閱讀、編織衣物或打造船艦模型等；但如果最後能將興趣化為表演或是傳授他人、與更多人分享，那我們的愛好就能同時成為志業和事業，這將會是一條令人神往不已的道途，而且還能同時讓我們學習與成長。

事業與志業的主要區別

一個孩子對魔術的濃厚興趣，可能在初戀或其他熱情出現後褪色，另一個孩子則可能成為專業的表演魔術師；一位青少年對電玩的熱愛可能隨著年齡增長而消退，另一位則可能成為才華洋溢的遊戲設計師。同樣地，許多人對瑜珈、武術或其他強身健體的運動有興趣，但對某些先驅

或知名老師來說，他們的投入最後會成為一生的志業與事業。

　　事業與志業的最主要區別在於，我們追求事業的主要目的是創造收入，追求志業的目的則是尋覓內在的滿足。不過，若是我們熱愛自己的事業，愛到願意免費服務（如果經濟許可），那麼它很有可能成為志業，此外，如果志業能帶來不錯的收入，那它也能同時成為一份事業。

　　為何這兩者的區別如此重要呢？因為許多人抓著一份志業，財務狀況卻載浮載沉，只因他們忽略或抗拒接受「白天的工作可以產生收入」這項實際的需求，反而總是堅持「我必須保持自由，才能跟隨自己的心，將生命奉獻給我的藝術」；至於另一群人，則是把心力都放在事業的晉升之上，於是放棄能滿足生命的志業，最後失去獲得更多生命喜樂和意義的機會。

　　對有些人來說，事業和志業已融為一體；對其他人而言，這兩者仍是彼此分離且互不相關的。然而，沒有哪種方式一定比較好，因為每個人都有屬於自己的發展過程。

2-2. 如何選擇事業及志業的真實故事

真正的志業往往與服務他人有關，
對有些人來說，事業和志業已融為一體，
然而沒有哪種方式一定比較好，
因為每個人都有屬於自己的發展過程。

下面幾個故事指出了發展事業及志業的不同方式。這些都是真實人生中的真實故事（為保護個人隱私，以下皆以化名稱呼），這些事例讓我們明白在人們追求事業和志業的途中，有多少不同的曲折經歷。

實例一・跳板冠軍梅根

我是在奧柏林學院（Oberlin College）認識梅根的，

當時我在學院中指導男女跳板跳水校隊。我只知道梅根的主修是數學和物理，但我很少見到一位如此熱愛自己訓練項目的學生運動員，她一心一意想讓自己的跳水技巧臻於完美。第一年，她就在女子聯盟冠軍賽中奪得三米跳板冠軍。

自那之後，我邁向人生的下一個階段，而我們也失聯近二十年。這段期間，梅根的人生也從反身跳水轉向截然不同的音響學與電子學領域，她從印第安那大學獲得博士學位，並進入史丹佛大學進行博士後研究，最後投身於雷達高科技領域，將代表伏特的數字轉換為一致的雷達影像，為國防工事盡一份力。

梅根建立了強而有力的事業，但在將近二十年的時間裡，除了偶爾練習之外，她的運動志業漸漸褪色為美好的記憶。然後，一九九七年，她在明尼蘇達大學做研究，當時四十出頭的她找到並報名了一門跳板跳水入門的課程。課程教練看她技巧過人、體態良好，於是建議她參加跳水大賽的壯年組。她照辦了，並且拿下好幾面全國獎牌與三米板跳水世界冠軍。

身為教授的梅根克盡職守，但仍努力追求她的志業跳板跳水。後來她到加州柏克萊大學的數學學院擔任客座教授，我在一個冷冷的秋天與她共進熱騰騰的晚餐時，才知道她想方設法地挪出時間來每週練習跳水三次，為此她必須從柏克萊到史丹佛與其他專業跳水選手一同練習，而每次搭公車、轉火車再步行都要花上兩小時的通勤時間，更重要的是，無論是陽光普照或者傾盆大雨，她都準時前往（感謝老天，在跳水練習之間可以泡熱水澡休息！）。此時她參加的是五十五歲到五十九歲年齡組，但她的體態、對這份志業的熱愛仍一如我當年初見的年輕女性。

　　梅根的人生充滿了祝福，但那些祝福來自多年的辛勤工作和努力。她成就斐然的事業及志業有著天壤之別，不過都帶給她獨一無二的滿足。

實例二・大器晚成的凱文

　　凱文的例子則提供另一個觀點，讓我們看見一位大器晚成的男士如何找到自己的志業，並出人意表地將之轉變為事業。

凱文很早就發現自己的志業，對為五斗米折腰的工作型態嗤之以鼻。他在高中和大學時熱衷於終極飛盤爭奪賽，花了許多時間拋接飛盤並達到一定的專業水準，但這份消遣看來不太可能成為一份職業。

　　最後，凱文的父母建議他搬離童年的家，自己住進一間公寓，因為此時他已三十二歲了。過沒多久，有次他正在洗熱水澡時突然靈機一動，並為自己的靈光乍現悸動不已，於是迅速擦乾身體、穿上衣服，然後打電話給當時製作飛盤的惠姆-歐（Wham-O）公司，最後終於和行銷部門一位有決策權的主管通上線。

　　凱文對他說：「我有個點子，希望你能免費提供五百個上面印有『世界和平』的飛盤，而且必須同時使用英文和俄羅斯西里爾文。然後我希望你出資送我去俄羅斯，讓我在那邊待一個月，我能替你做的是成為飛盤善意大使。取得許可後，我會每天去紅場教人們如何傳飛盤，那會是很棒的文化交流，而且也有助貴公司開拓市場。」

　　當時是一九六〇年代，東西方仍處於冷戰期。這間公司同意凱文的提案，反正那不是一筆多大的投資，況且還

可能帶來正面效果，於是凱文飛到俄羅斯（當時仍是前蘇聯的一部分）帶領無數次飛盤善意交流之旅，甚至和一位俄羅斯女性共結連理。

　　既然凱文無法找到適合自己的工作，他就從事自己所愛並找到人付錢給他，而且在數年後，他的志業成為他的事業。雖然並不是所有人都能將靈光乍現的事業與志業點子化為現實，但凱文的生命故事告訴我們，這是有可能的。

實例三‧體操助教史都華

　　史都華的故事代表了另一種的事業與志業選擇。

　　第一次認識史都華時，我正好在史丹佛大學展開為期四年的體操總教練生涯，懷著滿腔熱情和動力，我已準備好竭盡所能將當時實力不堅的隊員們個個訓練成首屈一指的運動員。當時我才二十二歲，如同許多血氣方剛的運動員一般，以為自己強到刀槍不入，再加上前一年，我和其他教練共同領導的加州柏克萊大學體操隊首度獲得全國大專冠軍，因此我的標準與期待都很高。

在第一次和隊伍見面的前一天，體育組組長把我拉到一邊說話：「丹，過去十年來，有個叫史都華的男士都會定期出現並自願擔任助教。我知道你不認識他，但他是個好人，而且絕對值得信任，雖然他只有在幾年前練過一些體操，不過十分熱愛這項運動。當然，決定權還是在你，但如果你願意讓他進來、以任何可能的方式協助，我覺得會滿不錯的。」我回答說我很樂意和史都華見面，然後看看情況如何。

　　結果，他是一位平易近人、個性又好的人，也的確每天都準時出現。我們並沒有太多私下的交談，因為彼此都全心專注於訓練上，不過倒是相處得不錯。

　　一、兩個月後，有天史都華遲到了大約一小時。他頻頻道歉並解釋著，之前他都在外駕駛飛機，那天因為出了一些狀況，所以無法準時抵達。我不禁心生好奇，也有些驚訝史都華擁有飛機駕駛執照，於是我問他：「你開哪一種飛機，是塞斯納（Cessna）還是派珀（Piper Cub）這種小型單螺旋槳飛機？」

　　他回答：「我開的是大型飛機，是波音最新推出的

七四七飛機，我在檢查它的滑降路徑。」

原來史都華是一位航空工程師！他在美國國家航空暨太空總署擔任測試飛行員，平時在附近山景城（Mountain View）的墨菲特聯邦機場（Moffett Federal Airfield）工作；同時我也得知他喜歡維修老舊的保時捷跑車，甚至還在自家車庫一釘一鉚地打造一架單人實驗噴射機。

想到我這位自願助教不過晚了一些來練習，就頻頻道歉的模樣，我那二十二歲小夥子的自以為是立刻消失無蹤。原來我只認識史都華的一項志業（幫助年輕體操選手磨練技藝），而他大部分的時間都投入在另一項志業與專職事業裡，也就是測試航太科技最頂尖的發明。

實例四‧全職家庭主婦茉莉亞

現在，讓我們看看另一個故事，主人翁選擇了一條不一樣的路，她跟隨自己內心的智慧和召喚，為這個社會提供服務。

茉莉亞是位聰明勤奮的女性，喜歡閱讀與吸收新知。高中時，她幾乎一路維持頂尖的好成績，然而進大學後，

她像許多人文科系的學生一樣缺乏明確的事業目標或道路，換了好幾次主修科系。儘管她缺乏職涯方向或野心，還是非常注重工作倫理，也非常樂於服務，而這也成為她一輩子的志業。

　　還小時，她每天放學後都會到一間小市場幫忙；高中和大學時，出於賺錢的實際動機，她也做了好幾份工作。對她而言，工作所提供的實用價值比工作本身的類型來得重要，「服務」是茱莉亞滿足感的來源，無論她的工作多麼平凡卑微，服務的熱忱都讓她感受到價值與意義。

　　大學畢業後，茱莉亞自願在一間學校擔任教師，同時透過服務生的兼職工作賺錢。年復一年地過去，她仍然不覺得有需要找一份正職，事實上，她從來不需要去找工作，因為工作似乎總會自己找上門。當茱莉亞結婚後，她找了一份記帳員的工作，同時協助丈夫尋找他自己的事業與志業。

　　當第一個孩子出生，茱莉亞的志業自然轉為擔任母親，很長一段時間中，她有意識地選擇擔任家庭主婦，而丈夫則專心賺錢。丈夫主外、茱莉亞主內的模式替家庭建

立了穩固的情感基礎，而她也証明了「媽媽隨時隨地都有工作」這句話。茱莉亞的生活並不侷限於家中的牆內，當孩子們開始上學後，她開始做兼職的工作，直到丈夫的收入提升才停止；而且直到孩子上大學前，她都自願擔任學校的愛心媽媽，為此，她的生活不僅充實，更可說是一份全職工作。

數年後，茱莉亞開始對神祕學感興趣。上遍無數的課程、讀遍相關主題的書籍並投入研究後，她開始對一些小型團體做神祕學相關主題的演講，但她的種種研究仍然是一項志業，而不是事業，因為那只是眾多角色中的一個面向而已，而她也持續依循著自己的更高志業向前邁進，那就是服務丈夫、孩子以及周遭的世界。

並非所有人都會選擇養兒育女，但決定生育的人可能會暫緩事業發展，將養兒育女視為第一要務。有些人可能會在之後回歸職場，有些人則在擔任父母的過程中找到一輩子的志業；還有一些人——例如茱莉亞——活出完滿且有意義的人生，而不需要透過事業定義自己，與此同時，無論他們在怎樣的生命情境中都保持著服務之心。

實例五・回應變化的查爾斯

　　以下這個例子描述了一個人能同時擁有多種深具熱情的事業及志業，當事人是我認識的人裡面，最有趣的一位朋友。

　　我過去於大學任教，教授各式各樣的體能訓練課程，查爾斯當時登記了我的彈簧床課。他讓我嚇一大跳，因為他看起來實在不像任何一種體操運動的選手，反而比較像擒抱足球員或是凶猛的棕熊。事實上，查爾斯是一位足球和陸上曲棍球好手，同時也是大學的合氣道社團成員，另外還兼職修理摩托車。他是位聰明絕頂的年輕人，在大四將畢業時便成功申請到好幾間醫學院的入學資格。

　　之後，我們失聯近十年，接著我得知他不僅成為一位醫生，更是頂尖的小兒科心臟外科醫師，專門為幼兒進行器官移植。後來他與同為醫師及研究者的瑪莉結婚，生了三個小孩，並拿到合氣道三段黑帶。已是醫界佼佼者的他，最後決定從步調繁忙的城市搬到鄉下，開間小診所。

　　查爾斯和家人過了幾年平順的日子。有一天，當他在車庫用圓盤鋸替兒子製作鳥屋時，不慎踩到一攤油漬而

64

滑倒在地，當他起身時，發現右手少了兩根手指頭。康復後，他密集練習使用左手操作縫線或醫療器具，然而很明顯地，他再也無法施行大型手術了。

　　經過一番靈魂探索的過程，查爾斯決定進入法學院，他不僅負責編纂學院的法律期刊，最後更以優異成績畢業；也由於他的專長在於醫療法規，後來便進入醫院的行政體系中服務。

　　查爾斯成為一位受人敬重的醫師、律師及醫院決策者，同時也是備受推崇的合氣道老師。他和太太看著孩子漸漸長大成人並找到自己的事業及志業，現在，查爾斯正考慮在神學院展開一項新的事業及志業。他以生命親身驗證了服務他人的精神，同時也展現了生命如何重新回應變換的環境。

　　有次我問查爾斯：「你哪來這麼多時間完成這麼多事？」他的回答可以給我們所有人引為參考：「我從來沒有『找到』時間，所以我自己創造一些時間。」

　　查爾斯的故事告訴我們，當熱情注入了生命，並和專注的能量合而為一時，生命擁有多少可能性，而他的每一

項努力都成為他的志業。

實例六・無心插柳柳成蔭的巴德

　　俗語說「人生四十才開始」，有時我們可能會在數十年後才經歷重生，所以已經完成職涯歷程的退休人士也可能找到新的志業，例如巴德就是一個最好的例子。

　　退休前，巴德是位大學英文老師、作家和寫作教練，原本準備追隨理想中的規劃，在退休後投入高爾夫球運動，但無意間看到一篇研究報導指出，晚年時學習樂器對大腦與精神老化後的人生會有幫助，於是出乎本人意料之外的，他買了一支新的口琴。

　　其實這也並非全是天外飛來一筆，因為六十年來，他常用舊口琴吹奏三首最喜歡的老歌，那是他父親教他的。然而他想學新的曲子，於是在地方報紙上刊登廣告，希望有人教他吹更多的歌。第一次聚會來了二十個人，「口琴大隊」社團也在那天誕生，簡稱口琴社，而在那之後的七年，由六十位年過五十五歲的男女所組成的口琴社於每週固定聚會，目的是為了享受歡樂時光、學習吹奏新曲、一

起玩遊戲。

　　之後，他們陸續在安養院、醫院、遊行、小學和教會舉行兩百五十餘場表演，往往讓充滿感激的聽眾熱淚盈眶。如今，口琴社的任務是透過音樂「擄獲世界」，讓音樂替世界帶來樂趣及啟發，同時引領男女老少享受樂聲洋溢的人生。他們協助住院病患改善呼吸能力，另外也在聖誕節四處以口琴吹奏頌歌，有些社團成員甚至環遊世界表演。

　　本來只是退休後的一個奇想，後來卻轉變為一個全新的志業，同時也可能成為一項事業！不過，巴德和口琴社成員把所有收入都用來購買口琴，並捐贈給小學生。感謝口琴社成員，這些學生現在能享受生命的清新樂曲了！

實例七‧馭風男孩威廉

　　最後一個例子，是關於一位年輕男子如何遵循志業，在面臨一切困難險阻之下，仍然創造出斐然的成就。

　　二○○一年，馬拉威經歷一場嚴重的乾旱，時年十四歲的威廉被迫輟學，因為他的家人負擔不起學費，微薄的

農事收入僅能支付全家人一天一餐。

當時年幼的威廉在附近的圖書館找到一本關於風車的書，他為書中的內容感到目眩神迷，雖然他的教育程度不高，但他相信自己可以利用舊的汽車電池、腳踏車零件、牽引機風扇和塑膠導管，替村落打造一座風車，而藍膠樹廢木材則可以充當風車底座。他的父母與其他人都認為他瘋了，但外界的質疑只是讓他的決心更堅定。

三個月後，威廉利用自己搭建的第一座風車點亮了家裡的燈泡。後來他在村莊中又打造了四座風車，其中一座建在學校裡，此外也在學校教導其他人如何打造風車。威廉替村莊帶來電力，讓村民可以自行發動幫浦汲水，那座風車自然也成為鎮村之寶！

威廉的故事和之前的許多故事只是冰山一角，世界上還有成千上萬關於事業及志業的不同故事，就和地球上有各式各樣有趣與不同的人一樣。然而，最精彩動人的是我們的故事。我們的個人記憶是重要的資產，每個故事、每段記憶都能供人學習、成長。

到最後，事業和志業是否能合而為一，或者仍只能是兩條平行線其實並不重要。在理想的世界中，事業和志業可能可以彼此結合，我們會感受到彷彿來自天上的吸引力，吸引我們從事每天的工作；但這是現實的世界，因此並非每份志業都能成為事業，也並非每份事業都能轉為志業，大多數的人仍是白天上班、投入大量時間於工作並嘗試樂在其中，然後期待在自由時間能夠做自己喜愛的事情。

　　其實，生命沒有**環繞**著工作也有它的好處。當我們的工作只是「一份工作」時，每天晚上下班後就能將之拋諸腦後，這樣我們的壓力不會太大，或是容易以工作定義自己的價值（不過我們仍然用心將工作做好）。除此之外，我們也可能會有比較多的時間、精力和能量陪伴家人。

　　事業、志業和家庭之間的平衡關係會自然地隨時間轉換，因此重新評估與調整這中間的平衡關係，將能幫助我們將中年危機轉為中場調整，讓自己有機會加油和充電。而要保持這樣的平衡，必須透過自我檢查及洞見，當然，這些想法也會隨著時間慢慢成熟。

2-3. 認識自己

在找尋事業與志業的路途上，
我們就像在黑暗中開車的人，
但若我們越了解自己，就越能明白如何導正航路，
這也是為什麼「自我認識」是智慧的核心。

數千年前，雅典律法師梭倫（Solon）提出的四字箴言迴盪古今，那就是「認識自己」（Know thyself）。這句話也銘刻於德爾菲（Delphi）的阿波羅神殿前，亦有傳聞此話出於其他智者哲人之口，包括賀拉克提斯（Heraclites）、畢達哥拉斯（Pythagoras）以及曾提出至理名言「未經檢驗的人生不值得一活」的蘇格拉底。為什麼這些哲人如此推崇自我覺察，甚至超過其他的人性特質

呢？我想或許是因為，自我認識將影響我們的所有選擇與決定（包括教育、事業和關係），進而塑造我們生命的品質。

就讀高中及大學時，我們開始學習拓展自己的興趣和能力、開始思索自己究竟偏於苦幹實幹還是創新發明，以及自己的喜好是偏向科學還是人文，不過，我們往往要花上一番功夫，才能區分真正「想做」的事和覺得「應該」做的事（藉以討好父母、贏得權位或尊重）。

如果自我認識是簡單或自動的人生進程，那麼大多數的人在年輕時就會懂得做出清晰睿智的生涯決定，包括選擇教育、事業和伴侶等，但事實上經常發生的是，我們在二十幾歲時常做出未經深思熟慮的決定，有時甚至僅是根據希望或臆測便做出決定。一份份工作和一段段關係最後都淪為學習經驗，因為生命並沒有按照我們所希望或計畫的發展，也因此我們總是感嘆「如果當時擁有現在的知識就好了」……

大部分二十來歲的人在離開學校時仍然自我認識不足，空有一張大學畢業證書，腦袋中卻有著大問號：**然**

後呢？在「不斷嘗試的二十幾歲」歲月中，唯有這邊試試看、那邊試試看地努力了解自己，才有機會找到自己在世界上的定位。

做決定是最基本的人生技能，和選擇人生伴侶一樣，事業選擇是人生中最重要的選擇之一。做決定前需要先了解自己，不然我們可能會替錯的人下了對的決定，也就是為了我們「希望」或「相信」自己是的樣子做決定，而不是替真正的自己下決定。

正確來說，**沒有所謂最棒的事業**，只有在人生中某段時間而言最適合我們的事業。各行各業中都有滿足和不滿足的人，無論是醫藥、水電、美髮、法律、銷售、教育都一樣，生命是一場實驗，一間可以自我探索的實驗室，因此在找到真正心滿意足的天職前，不妨先找份工作吧。在現有的選擇中挑選一個最好的，同時對新的機會敞開雙手，直到找到一份準備投入許久的事業或志業。在現代，換過好幾份工作是十分常見的事。

我的追尋歷程

在追求事業及志業的過程中，我走的是一條曲折的道路。大學畢業後，我在洛杉磯賣了兩個月的壽險，之後才得到史丹佛大學提供的總教練一職，而四年的成功經營讓我受邀成為奧柏林學院的教授。事業上來看，我彷彿一帆風順——二十二歲就當上總教練，然後又當上大學教授——但我決定回柏克萊，在一間靈性學院任教六個月。

接著，我的生涯有了巨大的轉變。我先是在柏克萊YMCA兼職教體操（三個月），接著成為無業遊民（兩個月），後來又差點加入海軍，最後加入一個靈性社群（陸續參與了八年），同時我還有一份打字秘書的工作（四個月後被炒魷魚）。之後，我跑去舊金山的一間小型體操館教學（六個月），搬去亞特蘭大指導女子體操隊（九個月），接著在加州進入心理學研究所（四個月），然後在舊金山上書記官學校（六個月）、在柏克萊YMCA教導武術及有氧課程（三個月）、到柏克萊大學擔任女子體操教練（兩年），然後又回到奧柏林學院（兩年）——那時我太太在學院內擔任舍監，而我也完成了《深夜加油站遇見

蘇格拉底》的定版初稿，不過出版沒多久後，那本書就絕版了。

　　我回到舊金山灣區，找了一份替美國銀行輸入資料的臨時工作，然後接下來的十一個月替一間管理公司做文書處理，接著又換接兩份打字的工作，一份從早上五點到八點半，另一份則從早上九點到下午五點。這份工時冗長的工作持續了八個月，直到我找到一個行政職，大概做了一年。接著，一九八三年，我展開了自己的個人體適能教練事業。

　　直到一九八四年，我三十八歲時，《深夜加油站遇見蘇格拉底》才再版發行，名聲也透過口耳相傳而慢慢傳開，這時我才開始進行和平戰士的有聲課程，並開辦工作坊，最後，我終於找到自己的事業和志業，也就是寫作、教學與演說。

　　有人說「一夕成名」需要花上十年的功夫來準備，對我來說，則花上了十六年來不斷實驗和搖擺不定，就像在水中一直原地轉圈，最後才終於學會游泳一樣。因此我所分享的心得並非只是理論空談，我曾經深陷泥淖、曾徹底

檢視自我，也經歷過徬徨失措及猶疑不定的日子，但如今回首那段四處探尋的歲月，我明白那些是必要的內省及自我反思過程。

在找尋事業與志業的路途上，我們就像在黑暗中開車的人，視線侷限於車頭燈的照明範圍內；但與此同時，我們若越了解自己，就越能明白如何導正航路，這也是為什麼「自我認識」是智慧的核心——而智慧需要日積月累才能獲得。

2-4. 三大關鍵：天賦、興趣、價值觀

重點在於，實際檢視我們的優缺點、
審慎思考哪些是我們真正樂在其中的領域，
並記得一切無關乎對與錯，只在於選擇及結果。

追尋事業及志業的過程有如尋寶，在三種關鍵要素匯集的交叉口，我們會看見一座路標指向我們最可能感到滿足的工作。這三種要素可以經由三個問題來呈現，答案則需要靠時間和經驗積累才能完全領會，它們分別是：

· 我的天賦是什麼？
· 我的興趣在哪裡？

‧我擁有什麼樣的價值觀？

天賦

大學一年級時，我滿腦子只想著那些不把我看在眼裡的女孩們，我試著約她們出來，後來才總算明白她們就是沒興趣和我約會，不過，那些對我好聲好氣的女孩們，我又覺得她們的條件沒那麼好。我和隊友聊到這樣的情況，他說了一段我永遠不會忘記的話：「丹，不管你再怎麼努力嘗試，有些女孩就是不會喜歡你，而有些女孩則會喜歡你原本的樣子，所以，幹麼浪費時間在那些對你沒多大興趣的人身上呢？」

以上的故事和建議，同樣適用於事業之路的選擇。出於種種原因，許多人追求並不符合自己天賦的工作，期望能「做中求進步」，不過這有點像買了一套西裝，然後試著修剪自己的身材好去配合衣服。勇於實驗和嘗試不同的工作沒什麼不好，但為什麼不追尋一份符合我們內在天賦及現有專長的事業呢？

有些人的運動或數學天賦過人、英語或藝術天分則平

平，有些人則正好相反。以幽默聞名於世的演員威爾‧羅傑斯（Will Rogers）說過：「我們都是無知的，只是無知的地方不同。」在找尋事業的過程中，我們自然會想盡量對那份事業有所了解、打聽實際工作的狀況等，甚至向正在那個職位上的人詢問，但更重要的是，我們必須先「研究自己」。自我認識中很重要的一環，正是實際檢視自己的優缺點，而通常經驗法則會清楚地向我們揭露這些。這讓我想起一個故事：

　　當時我正追著隊伍搭乘的巴士，準備一同參加隔天舉行的體操聯盟冠軍賽。經過加油站時，蘇格拉底一看到我，就招呼我到車庫裡，然後交給我一箱沉甸甸的機油，我正想問他機油要放到哪裡，他開口說：「就這樣拿著一分鐘。」然後又疊上另一箱機油。我的手臂幾乎撐不住這兩箱機油了，不過他無視我扭曲猙獰的表情，繼續把零星的機油罐疊到最上面，此刻我的雙臂已顫抖不已。「蘇格拉底，我撐不住了……」我氣喘吁吁地說。

　　接著我的雙臂一垮，瓶瓶罐罐和箱子全部掉到地上，

我看著滿地狼籍，再看向蘇格拉底，他的表情看不出有什麼特別。我說：「所以說，這是某種測驗嗎？然後我不及格……」

蘇格拉底看著我肅穆的神情大笑出聲，笑完之後說：「生命不是只有成功或失敗而已，丹。生命的目的，是要拓展你自己。」

若我們不測試自己的極限，怎會知道自己最多能做到哪？若非我們願意充滿榮耀地失敗，又怎能測試自己的極限？

隔天的比賽是我人生中最美好的一天，因為我挑戰了自己的極限，也驗證了蘇格拉底的話。蕭伯納（George Bernard Shaw）曾說過：「我學會演說的過程就像我學溜冰和騎腳踏車一樣，都是義無反顧地練習和出醜，直到我終於習慣為止。」

所以，永遠不要在測試之前就假設自己的極限，我們缺乏的可能不是天賦，而是經驗。我們對於自己天賦高低的認知，可能在孩童時代就已形成，其根據可能是極為有

限的接觸，或只是一件事而已。

多年前，女兒參加由一位新進教練教導的兒童體操課，我則在一旁看著。那位教練要所有小朋友排成一排，告訴他們現在要學側空翻，接著便要小朋友雙手舉高，一腳往前，然後「腳高踢過頭」地嘗試做出側空翻。孩子們一個接一個地嘗試這個動作，我女兒和其他一些小朋友輕鬆完成，因為她之前就已經學過了，但有些孩子從來沒試過這個動作，初次嘗試自然一次又一次跌倒在地。

這時候，經驗老到的教練應該要給初學者更實用的建議，但他只是反覆強調「把頭抬高、雙手伸直」，小朋友當然再度失敗落地。身為一位家長，我不該在課堂中強出頭，所以只能眼睜睜看著孩子們的小小臉龐上出現挫敗和沮喪，同時他們心中也開始相信自己不如其他同學們有天分。

我們對自己在其他方面是否有天賦的假設，也是這樣形成的，包括數學、唱歌、烹飪、運動、藝術、閱讀和理解都是如此，所以，也許那些假設是正確的，但也有可能不是。倘若我們願意全心投入，即使本來只有一點天賦，

在努力不懈之下，最終也將有長足的進步；當然，我們也能選擇將時間與精力投資在自己長期有興趣的領域中。

　　每種專業領域裡，都有人才華洋溢卻興趣缺缺，也有人興致盎然卻天賦平平。在這兩者之間，對於某份職業的興趣（或熱情），或許是更重要的因素。

興趣

　　表面上看來，我們會覺得有沒有興趣很好判斷，畢竟我們對一個事物要嘛就是有興趣，要嘛就是沒有。但我們感興趣的程度，往往受到認為自己有多少天分影響，也就是受到自我概念所影響，例如我對繪畫「興趣缺缺」，是因為以前某件事讓我形成了「我沒有繪畫天分」的錯誤觀念。事情是這樣的：

　　由於得了感冒，我比同學晚一、兩週才上幼稚園。第一天上學我就拿到顏料、畫筆和畫架，老師叫我畫一棵樹，而我的樹看起來像一根綠色棒棒糖。不過，我還是對自己筆下的作品感到頗為滿意，直到和旁邊同學筆下的樹

比較，才發現他們的樹不但枝葉繁茂，還可以看見一片片的葉子。我沒意識到其他小朋友幾乎每天都在練習畫樹，於是錯誤認定自己不像其他同學一樣會畫畫，因此隔天，當我可以選擇要畫畫或玩單槓時，誰都猜得到我選擇哪一種了。我對攀爬單槓的興趣隨著技巧一起提升，畫畫則被我拋到九霄雲外去——就因為一個簡單的誤會，我拒絕了藝術的道路，轉身走向未來的體操生涯。

　　除了以上這種常見的自我觀念塑形（通常有所扭曲）歷程之外，在十幾歲和二十幾歲的大好青春中，我們花上無數時間釐清自己（或父母和同儕）覺得我們**應該**或**可以**做些什麼，而不是思索自己究竟**喜愛**做什麼。有多少人在誤導之下做出決定，遠離了自己的興趣所在，只因為別人說那件事「沒有前途」？

　　許多成就斐然的人被推拱到職涯梯子的頂峰，他們的背後有著社會壓力或父母期待的推力，卻在功成名就後才發現那道梯子「根本靠錯牆了」。舉例來說，我就認識兩位「前」律師在職涯中途猛然轉換跑道，一位跑去史丹佛

大學擔任游泳隊總教練，展開長期且成功的教練生涯；另一位成為備受推崇的運動員整脊師，客戶包含大型城市芭蕾舞團和一支專業運動隊伍。

因此，讓我們審慎思量哪些是自己真正樂在其中的領域或活動，因為在任何事業選擇的交叉口，興趣都是清晰的路標。我如此建議我的女兒：「做妳所熱愛的事情，然後讓別人為此付錢給妳。」

價值觀

人們擁有大異其趣的價值觀，例如有些人擁有清教徒的價值觀，奉行克己自律及延後享受，舉止皆按規矩行事；有些人是享樂主義者，重視及時行樂與立即滿足，因此遵循直覺行事；有些人比較多愁善感，有些人則擁有較堅毅嚴肅的性格；還有一些人彷彿荒野一匹狼或社交花蝴蝶；有人容易相信、有人則是懷疑論者。這些價值觀以及我們的興趣和天賦，再再驅動我們事業及人生道路上的方向。

每個人獨特的價值觀組合（對我們而言什麼事是對

的、符合道德與有價值的），會反映在選擇和行為中，不過這不代表某些價值觀比其他價值觀來得高尚，請記得生命學院的規則：一切無關乎對與錯，只在於選擇及結果。

在自我認識的路途中、在事業及志業的道路上，我們一定要明白對自己來說，以下三項價值觀中哪一項最重要：是地點、關係，還是事業？大部分的人認為三者缺一不可，但假如必須挑選一個核心價值，並將其他兩項歸為較次等或甚至加以犧牲，那我們會挑出哪一個？

回顧人生和選擇，我們可能會發現其中一項在個人的價值觀天平上，有著比較重要的位置，以下是幾個簡單的例子。

地點：瑞貝卡滿心冀望搬到科羅拉多州的博爾德定居，那是她的夢想之城。以城市為出發點，她一心計畫要遷居到那裡，一旦遷入當地後，她會開始認識朋友並尋找任何可能的工作機會，不過對她而言，人和工作被排在次要考量。

關係：傑森是位木匠，他走到哪都可以工作，而他的

伴侶剛完成實習，正在申請幾個駐院醫療職位。傑森將所有一切都貢獻給摯愛，因此凡事都以伴侶為主，家對他而言就是心之所在，也是愛人之所在。他的重點放在伴侶身上，其重要性勝過任何地點，而他在任何地方都能找到工作。

事業：伊莉莎白全心奉獻於她的工作，這是她人生的中心價值，也是目的感與意義感的最大來源。只要對事業有所助益，她不介意走遍天涯海角，並利用工作之餘在當地拓展交友圈。

　　每個人都擁有不同的價值觀，並根據這些做出不同的選擇。數年前，我有位朋友住在一所中西部大學的宿舍裡，而她先生則在西岸擔任檢察官，這對夫妻彼此非常相愛，她每隔幾週就飛到西岸看老公，他也一樣，但他們的工作（以及無法改變的工作地點）比夫妻同居來得更為重要，換句話說，這是根據他們的價值觀和環境所做的選擇。

　　我們對地點、人際關係或工作的價值觀不是無法更改

的，它們的重要性可能會隨時間而變動。例如說，假設熱愛博爾德地區的瑞貝卡遇見了生命中的摯愛，而那個人剛在另外一州獲得夢寐以求的職位，那麼瑞貝卡與她的新伴侶就得重新檢視他們的核心價值了。

　　無論是文學、電影或人生都一再證明：**人們在壓力之下的選擇，會透露出他們的個性與價值觀**。自我認識（這裡代表明白我們的中心價值）會幫助我們做出更清晰明確的決定，而做出的決定也同時增進了我們的自我認識，就像小說家福斯特（E. M. Forster）的：「如果不是看到自己所為，又怎會明白自己所想？」

2-5. 最佳事業要能滿足三種需求

感到滿足、擁有豐厚報酬，
以及能為眾人提供有用的服務，
這三者能充實我們的工作生涯，
並協助我們邁向充實且能長遠經營的事業。

明白自己的核心價值，只是自我認識和職涯選擇中的一個面向，面臨任何可能的事業選項時，我們需要同時考量以下三項關鍵因素：

· 我覺得這份工作令我滿足嗎？
· 我能獲得豐厚的報酬嗎？
· 這份工作是否提供了實用的服務？

這些問題點出了擁有充實工作生涯的三大關鍵。

　　若能滿足其中兩項要件，短期看來就已足夠，但若要經營長期、富有成就感的事業，通常必須三者皆備。同時，若遇上行事不公或無能軟弱的上司，又或是習慣打壓的公司政策，少了其中一項或更多的要件則會讓職場中怨聲四起。

讓我們感到滿足的工作

　　一九三〇年代，世界經濟大蕭條，美國和各地飢腸轆轆的男女老少都亟欲找到工作，必要的話他們甚至會跋山涉水，為了賺幾塊錢而甘願做任何事情（合法的話最好）。我的父親正是在那樣艱鉅的時代下長大成人，有次我問他，他是否能從工作中找到快樂，他困惑了一陣後回答道：「我從沒想過這個問題。」他的目標僅是盡其可能地養家糊口。

　　今天，有許多移民人士也願意做任何工作，他們不太可能去思考工作環境是否符合他們的美學感受，但他們努力支持家計和替孩子開創更多機會，並從中獲得意義及目

的感。世界上有許多人仍如此生活著，但感謝父母與祖父母胼手胝足的奮鬥，還有我們所接受的教育培訓，如今我們擁有更寬廣的工作選擇和機會，可以考慮「正確的生活之道」這樣的問題，並依循自己的興趣、性情及需求選擇適合自己的事業。

　　某些工作純粹需要耗費體力和投入技能，其他工作則需要更多心力腦力；有些事業需要與人接觸，有些需要獨自完成，而有些職業在社會上擁有較高的社經地位。沒有所謂「最棒」的事業，只有對我們生命中某個時刻而言最適合的工作。各行各業都有敬業樂業的人士，禪宗及道家典籍中充滿領悟大道的屠夫與富有智慧的工匠，甚至很久以前，有位來自拿撒勒的木匠最後找到了人生的更高志業（此人就是耶穌）。

　　做什麼很重要，但我們是**怎麼做**的更重要。滿足並非工作本身提供的，而是我們投入多少心力及品質於其中。對為自己工作品質而驕傲的人來說，無論工作本身如何地卑微，他們都能體會到有如深度冥想時的沉醉感，時間彷彿轉瞬即逝，而工作本身即令人心滿意足。

多年前我曾拜訪日本，有次在月台上等子彈列車時，看見一位鐵路工作人員正在擦拭欄杆的一根根鐵柱。整座月台的欄杆大概有數百根鐵柱，他細心擦亮每一根，每根都花上三十秒鐘，確定它閃閃發亮、一塵不染後才換下一根。這位男士展現了禪宗大師才有的專注力，優雅地進行自己的工作、全神貫注。大概很少人會認為擦拭欄杆是一件富有創意或使人滿足的工作，或許這也不是他從前夢寐以求的職業，但從我的觀察看來，他的從容自信讓擦拭欄杆成為一項藝術，甚至以某種角度來說，他也在擦亮自己的靈魂。

所以，讓我們謹記在心，我們不只能「找到」一份令人滿意的工作，也可以自己「創造」，就像那位月台上的禪修大師一樣。

我們能擁有豐厚的報酬

人們對「豐厚報酬」的認知不同，因為這和我們的能力、經驗與環境相關，但無論如何，薪酬應該讓人感覺公道、與工作內容相符，並能滿足我們的需求。除非我們是

被虐待狂或聖人，否則不太可能可以長期忍受薪酬過低的情況。

當然，除了金錢上的收入外，還有其他形式的報酬，我們也許會願意接受最低薪資，只為了能身處非常愉悅的工作環境、可以獲得醫療等相關福利，或因為敬佩老闆的信念。

數年前，有個女孩來應徵我貼出的兼職工作，我們就叫她珍吧。她上一份工作是在矽谷一間新成立的軟體公司任職，薪水高，但壓力也大，在加班過無數個週末後，瀕臨崩潰的她看到我們小小的兼職徵人廣告，於是主動聯絡。珍看過我的幾本書，她很高興能在一個放鬆、愜意及正面的氣氛下工作、重新找回一些私人空間、再度平衡地生活，還有重新調整事情的優先順序。她在這份工作中不斷獲得快樂，大約六個月後，她決定再度啟程「去尋找待遇更好的全職工作，以符合她的『市場價值』」。我們希望她能找到心目中的最佳平衡點，一份能滿足她財務上的需求、但又不會太有壓力或要求過重的工作。

我們能提供有用的服務

　　當我開始做彈跳床運動時，幾乎沒想過「服務他人」這件事情；許多努力在職業或業餘運動中出人頭地的運動員，或是對非運動性遊戲（例如撲克或西洋棋）的玩家來說，大概也沒想過服務這件事。對大部分的專業追求者而言，一開始的動機和驅動力通常來自興趣與對成功、專精的渴望，但其實服務（從事有利他人的事情）也能創造出極大的成就感，某些運動員、西洋棋及撲克玩家也因此成為導師或該領域的楷模。

　　在服務導向的專業中服務，能讓人晚上安然入睡，相反地，從事毒品交易、偷竊或其他犯罪行為的人，他們的工作具有破壞性，即使能夠賺大錢且滿意自己的工作，他們還是會覺得，自己與更寬廣的世界和更高層次的可能性失去連結。當我們感覺自己提升或改善了他人的生活，我們將經歷到前所未有的滿足感，那是僅服務自己的追求所無法創造的感受。

　　並不是所有人都能成為懸壺濟世的精神外科醫師、澤披世人的慈善家或聲名遠播的藝術大師，大部分的人的工

作並不會名揚四海或廣受肯定。

　　一般人講到「服務」，就覺得是志願服務需要的人、投入慈善團體或是送食物給老人家與臥病在床的人。這樣的行為絕對是值得讚賞的，但那些幫忙組裝火爐、汽車或電視的人，他們確保了每個零件都在正確的位置、每顆螺絲釘都鎖緊，以及整項產品以最高品質呈現，這對仰賴他們技能專業的人來說，他們的服務無疑意義非常重大。

　　如果我們提供的是比較不具創意性的服務，像是在小公司或大企業中輸入資料或擔任客服，我們很容易低估自己工作的價值，然而這些工作讓我們與他人有所連結，並幫助整個世界運作下去。我們都是大型鎖鏈中間的鏈結，缺一不可——即便是犯罪人士和撲克玩家，最後也都會學到生命持續要教導的課題。

　　以上三項關鍵準則：工作令自己滿足、獲得豐厚的報酬、提供實用的服務，將揭示自我認識的另一面，並幫助我們做出更深思熟慮的決定，邁向充實且長遠經營的事業。

2-6. 用直覺與想像來做決定

直覺反映了潛意識心靈的深刻體悟，
而想像則動用了意識和潛意識心靈的力量，
讓我們能針對事業或生命做出更深思熟慮的決
定。

當今的社會，普遍給予邏輯、分析和科學方法最高的
評價，然而幾乎所有的科學發現和突破，其實都來
自於想像與直覺力，然後再透過實驗及分析來驗證。

很少人會利用邏輯來找工作，我們常透過私人或間接
人脈獲得事業機會，有時甚至純粹仰賴信任感做決定，以
下就是我自己的親身經歷：

我剛離開柏克萊大學、和身懷六甲的妻子搬回洛杉磯居住時，身上只有一張心理學的學士文憑和五百美元而已。遍覽徵人廣告後，我找到一份在新英格蘭壽險地方辦公室的工作，並買了新西裝，竭盡所能地兜售壽險產品。兩個月後我明白兩件事：首先，對某些人來說，賣保險可能是完美的工作，但對我來說不是；再來，我需要搬離洛杉磯，回到舊金山灣區。因此我辭了職，一路開車到沙加緬度，讓太太回娘家幾天，然後再開兩小時的車南下柏克萊，試探一下自己有哪些選擇，想著以我的背景，應該可以找到一份活動組組長之類的工作。我途中特地拜訪過去教練的辦公室，一方面打聲招呼，一方面讓他知道我正在找工作，他說：「你真是來對時候了，丹，我今早才聽說史丹佛『體操』教練的位置昨天剛開放申請，你何不去和他們的體育組總監談談？」我照辦了，然後隔天就受聘為史丹佛大學的體操總教練。

　　我可能是因為時機和運氣而獲得這份工作，但在那之前我受了多年的密集專業訓練，這也證實機會是留給準備

好的人。我之前並沒有四處尋覓在大學擔任教練的工作，所以也不是靠理性分析找到這份工作的，事實上，邏輯在職業選擇當中並沒有什麼用，因為我們的分析腦只會衡量變數（得失利弊、福利義務），試圖釐清一條合理的行動路徑，孰不知這容易讓許多人掉入「分析過頭、腦袋癱瘓」的狀態。

回想看看，自己是否曾順著理智做出一個決定，卻在半夜驚醒或隔天早上醒來對那個選擇感到惴惴不安，但又說不上來為什麼？在做任何重要決定的時候，最好多聆聽直覺，理想的情況是面對所有需要解決問題的任務時，設法運用想像力及理智，只是不一定要同時間並用。理智反映了意識心靈的智力技能；直覺則反映潛意識心靈的深刻體悟，潛意識會以各式各樣的方式傳遞訊息給意識，夢境就是其中之一。

在我於史丹佛擔任教練時，隊上的體操員分享了一項作業，它可以引發潛意識的力量與價值，幫助我們解決問題。泰德告訴我，那天「睡眠與夢境」課程的威廉‧迪門特（William Dement）教授出了一道奇怪的謎題，整道謎

題只有八個英文字母：H-I-J-K-L-M-N-O。

　　泰德一頭霧水，而他的作業是在睡前反覆思索這道謎題，並企圖解開謎底（就算他不了解），然後在隔天醒來時寫下自己的夢境。隔天泰德來到體育館，告訴我他已經寫下夢境，但還是不知道謎題的意義與答案，我看見筆記上寫著他在夢中看到一艘老舊的帆船開進風雨交加的海域，海浪洶湧，天空下著傾盆大雨。這讓人絲毫摸不著頭緒，直到泰德得知了謎底，才發現自己的潛意識早已完美地解開謎題，雖然他的意識根本搞不清楚狀況。這道謎題（H-I-J-K-L-M-N-O）是由H到O的字母所組成，也可以叫做H to O——水（H_2O），正是充滿泰德夢境中的東西！

　　多年後，身為作家的我也一次又一次應證夢的力量。在我的寫作陷入死胡同、故事情節走不下去，或是一個特殊想法出現後卻不知如何接續時，我會先去睡一覺，而往往隔天早上醒來，腦袋就會自動出現解決方案。

善用想像來做決定

　　接下來，我們要展開一趟「時光之旅」，這需要發

揮想像力（動用意識和潛意識心靈），讓我們能針對事業或生命方面做出更深思熟慮的決定。做過這個練習，以後做出決定的過程將變得簡單而直接，只需花上十到十五分鐘。

　　現在，讓想像力帶領我們穿越時空，幫助我們從二、三、四種或更多選項中做出決定。為了清楚解釋這項流程，以下先假設某人正面臨A和B兩種選擇：

　　克莉絲汀在兩所大學之間游移不定；馬哈默猶豫是要留在現居城市裡工作並和女朋友住在一起，還是接受一份待遇優渥的出國外派職務；瑪里哈在比較兩位向她求婚的追求者條件；加勒創設了一間軟體公司，如今正要蓬勃發展，他可以選擇自己擴大經營或接受一間軟體巨人公司的收購；莎曼沙考慮要接受一份待遇不錯的企業會計工作或自己創設公司；柯帝士必須選擇是接受昂貴且高風險的手術，還是接受化療及放射治療；莎拉得決定是否要提早退休，或是延後幾年再退休，到時就可以領到最多的社會安全福利。

　　我們面臨的抉擇關口可能和上述狀況雷同，或者毫不

相同，不過進行練習的流程都是一樣的，以下便是「時光之旅」的練習。

1. 先選擇A選項。

感覺自己百分之百選擇了A選項，接受這樣的想法。這是非常關鍵的重點。

2. 問自己以下三個問題：

① 我已經選擇了A，之後我會在做什麼？

② 我現在有什麼感覺？

③ 一小時之後，我看起來會怎麼樣？

請寫下這三個問題的答案，答案可以很簡短，但最好還是白紙黑字寫下來，或者至少清晰明確地在腦中想像問題的答案。看看腦海中出現什麼畫面，想像一個小時之後的情景應該不會太困難。

3. 再次問自己三個同樣的問題，但不再是想像一小時後的情景，而是想像**一天之後**的畫面。同樣地，把浮現腦海的答案寫下來。

4. 問三個同樣的問題，但現在想像一**個月之後**的畫面。

5. 問三個同樣的問題，但現在想像**一年之後**的畫面。

6. 問三個同樣的問題，但現在想像**十年之後**的畫面。

　　這時我們可能在心裡想著：「等一下，我怎麼可能知道在選擇A之後，十年後我會在做什麼、有什麼感覺和看起來怎麼樣？那只是我的幻想罷了！」沒錯，那是我們想像出來的──而想像力會帶來直覺的洞見。畢竟，我們想像出了某些畫面，而不是別的畫面，對吧？

　　完成上面的流程後，對選項B也重複相同的步驟，基本上就是對自己說：「我剛剛在想什麼啊？顯而易見地，B才是最棒的選擇！」然後下定決心選擇B。感覺那個決定，此刻我們已經選擇了B，接著重複剛才的所有步驟。

　　當我們寫下（而且／或者逼真想像）A和B（如果有兩種以上的選項，就加上C）的畫面，就能把原本井底觀天般的狹隘視野加以轉化，變成更開闊、直覺式、既深且廣的視野。這不表示我們現在就能百分之百肯定，但我們

會準備得更充分，並做出堅定的決定。

只有決定「下決定」才能繼續前進

　　大部分的人將決定視為一個心理過程和結論，但事實上，沒有行動的決定都只是空談，我在數年前一次獨自攀爬高山步道時領悟了這個道理。當時夕陽沉入山稜線下，正準備返回紮營處的我卻碰上一處交叉口，我不確定該走哪條路，於是瞻望前路、檢視地勢，在心中盤算自己的選項。一開始右邊那條岔路看起比較吸引人，但不久後我又改變心意走向左邊，最後直覺敦促我走向右邊……就這樣，我游移不決反覆了好幾次，直到蔚藍色的天空慢慢暗下。我一下決定往左走，一下又決定往右──但都只是原地踏步，最後才終於採取行動，選定一條路走下去。

　　決定「下決定」的意思是，當我們行動時全力以赴。反覆質疑自己只是另一種形式的自虐，就像禪學大師雲門文偃所說的：「坐時，坐；站時，站──就是不要搖擺不定。」

　　堅持所選的那條路，除非有新又強力的理由要我們改

變路徑。若我們決定穿越一條湍急的山溪，結果走了三分之一才發現水流太急且深不見底，實在無法安全穿越，這時改變計畫才是聰明的上上策，而人生也是如此；如果我們待在一段充斥暴力的關係或一份折磨人的工作中，可能要重新考慮和決定另一個對生命更有益的方向，同時審視自己的底線、權利與價值，因為堅持到底與喜愛被虐待是兩碼子事。

不過，對大部分的決定來說，即便心生質疑、遭遇困難，我們仍要帶著決心勇往直前，堅持突破難關，並對自己和自己的行動保有信念。信念是一種面對生命的勇氣，相信發生的一切、我們所有的選擇都是為了更高層次的學習與獲益，同時明白每個決定最後都會帶來智慧，而這種更高的理解也會滋養信念。

2-7. 從初出茅廬到勇於領導

無論我們在外或在內扮演什麼角色，
都會影響身邊的人，
所以領導能力是每個人都需要學習的項目，
誰都不例外。

談到人生的第二種目的（事業及志業），就必須檢視我們在工作上扮演的角色，這會隨著擔任不同的職位而有不同的變化。在家裡、在辦公室或更大的世界裡，我們都曾經歷過菜鳥時期，也曾擔任領導人的角色，誰都不例外。

每當有新的任務或責任，來自入門門檻的挑戰自是難以避免，覺得自己很菜也情有可原；但領導能力比較像是

個人特質，而不只限於位居權力核心、辦公室主管或公司最高領導人的頭銜。下面將說明在菜鳥時期或個人生涯歷程的任何階段下，該如何展現領導能力。

現在，讓我們看看工作上會遇到的幾個關鍵面向。

承諾做到最好會讓生活更有意義

這一生我們可能擁有許多事業或召喚，但無論任務或職責是什麼，承諾做到最好、追求最高品質會讓我們的生活更有意義及價值。例如好幾年前我身兼二職以維持家計，清晨在一間法律事務所做大量打字工作，緊接著在房地產公司輸入一整天的資料——這都不是能發揮創意的工作，也不是我的長期事業選擇，卻是我當時能找到的最佳工作，因此我決定成為最傑出的資料輸入員。如今回首那段日子，我毫無怨悔（甚至帶著一些驕傲），因為我提供了高品質的服務給雇主，直到離職前都是如此。

向所有機會敞開，找到最適合的工作

為什麼有些人一路晉升無阻，有些人卻安於低層職

位，甚至有些人只為自己工作？或者我們也可以問，為什麼有些運動員一路勇闖奧運，其他卻安於大學校隊二軍的位置；為什麼有些人喜歡在幕後工作，其他人則喜歡站在台前？如果真要追根究柢，我們可能會歸因於基因、出生次序、生命經驗、信念與自我觀念、教育背景、社經地位、模範楷模、朋友社交圈、家人支持、能量等級、動機、才能、才智、經歷、位置、財務狀況，以及機會或命運等等。

爬到高位的人可能比在谷底的人來得快樂或滿足，但也可能不會，因此最重要的是找到最適合我們的工作（請記得前面討論過的幾大準則），同時對新的機會抱持敞開的態度。事業不是婚姻，我們不需要向老闆許諾終身（至少不用比老闆向我們承諾的還多），因此對專業或其他領域中所有機會保持敞開並無不妥，只要更適合我們的才能、價值及興趣，不妨一試。

成功經營個人工作的兩大祕訣

有時，我會告訴別人我有個要求非常嚴格的老闆——

但其實我是自營業者（self-employed）。如果哪天也處於類似的情況，有兩項關鍵要素可以提高我們成功的機會：

1. 做好我們做的事
2. 好好宣傳我們的專長（或雇用別人幫我們做）

如果技能過人卻不懂得行銷自己，請記得我們只能服務到那些知道我們的人。

領導者的特質

當我擔任大學運動員的教練時，必須設立高標準、提供回饋建議、激勵和支持團隊成員、在必要時解決問題，並建立一個具生產力的環境，藉以鼓勵創新，因此，我在實際經驗中培養出領導能力和負責的態度。企業執行長的職責也不外乎如此，另外高階經理人、政府官員、父母、教練、老師及各行各業的領導者，也必須負責以上事項。

無論我們在外或在內扮演什麼角色，都會影響身邊的人，因為人們會注意我們的行為，而我們也透過自己的言行舉止教導與領導他們，所以領導能力是普世共同的需

求，和個人的地位或在組織中的權位高低其實毫不相干。暴君、獨裁者與專制君王可能都是強而有力的統治者，卻是不及格的領導者；董事會的成員也可能缺乏關鍵的領導技巧，而在郵件收發室工作的人卻可能激勵他人提升工作品質。

有許多人都在自己的家庭或朋友圈扮演領導者的角色，那麼風行草偃的領導者們該具備怎樣的關鍵特質呢？在閱讀以下描述的同時，請想想自己在朋友、愛人與同事間如何展現這些領導者特質的。

以身作則

史懷哲曾經說過：「若要影響他人，以身作則不是主要的關鍵，而是唯一的關鍵。」在希望別人擁有某些特質前，我們（領導者）必須先身體力行。

在需要時提供支持

我們（領導者）若是漠不關心，學識再淵博也不會有良好的人緣。支持表示訂立高標準，然後詢問：「我該如

何協助你達成這項目標？」

透過指出更高目的來激勵他人

我們（領導者）會將一份工作轉化成以服務為導向的任務，將有意義、高瞻遠矚的目標融入手邊的工作；我們指派出去的任務不只是一件事，而是促進個人成長的手段，將生命提升到更高的層次。

欣賞錯誤的價值

我們（領導者）了解錯誤可能會帶來突破、新的洞見與創新，因此真正的領導者會鼓勵下屬冒險，並接受在學習與成長過程中出現的嶄新錯誤，因為那能帶來不同的創意。

鼓勵合作而非競爭

為了外在獎賞、津貼和獎金而競爭，會讓人感覺自己像競逐食物的老鼠，但女演員莉莉・湯姆琳（Lily Tomlin）曾經諷諭道：「老鼠賽跑最大的問題是，即便你

贏得賽事，你仍是一隻老鼠。」身陷迷宮的老鼠常形容高度競爭的環境是「扼殺了靈魂」，雖然競爭精神能激發高成就者的短期動機，但也會導致精疲力盡與怨憎怒意。

相反地，互助合作的精神能創造出互相連結、具生產力及友善的工作環境（其實一人的貢獻本是仰賴眾人之力，同時也反映出團隊的良好運作），人們不再需要自我保護地勾心鬥角，取而代之的是開放的系統與資訊交流。

授權分工

我們（領導者）成為一座橋樑，讓他人可以踏著而過，也會提醒團隊「沒有人是最聰明的」。我們專注於什麼是對的，而不是誰是對的；也不僅僅倚靠自己的腦力，而是善用身邊所有腦力資源，將焦點從「這對我有什麼好處」轉向「怎樣做對整體情況是最好的」？

2-8. 我要如何度過這一生

當人生走到盡頭，我們希望在回顧時感受到什麼？
為此，我們必須回答這個問題：
沉溺於自我享樂的人生，可以帶來真正的滿足嗎？

細思索一下我們此刻出現在這裡的種種奇妙因緣，然後思量一下前方遼闊的道路——如同所有的小說佳作，其中必定含有出人意表的起伏與轉折。一路上的險阻挫折讓我們變得越來越堅強及有智慧，因此請相信，我們的生命正朝它應該走的方向發展，而路途中的每次顛簸都是獨特旅程中的一部分。記得珍惜我們的事業與志業，無論目前它們看來多麼卑微，並相信生命中不斷變換的節

奏，那些我們珍視的才華、興趣及價值觀都是塑造生命的力量。

前面的篇章提醒我們要珍惜每一天獲得的時間，讓我們回到這個中心議題，並以人生與工作的大觀念作結。

假如我是億萬富翁

生命中的每一刻都是我們擁有的最貴重的貨幣，而我們如何花用？想像一下，假使自己中了樂透頭獎，永遠不需要再為了錢而工作，我們會如何花用接下來的時間？會如何度過一生？是否會利用自己的時間和才能，提供這世界有創意的服務？或是追逐娛樂、享受、旅遊、進出名流圈、蒐集感官經驗與財產、玩弄權位及影響力？

假設「身為億萬富翁的我們」買下所有想要的東西，然後乘坐最豪華的郵輪環遊世界、入住最奢華的酒店，還在數不盡的奢華地點購買裝潢高檔的房子，每棟房子內還雇有家管人員服侍，而且在一個地方感到百無聊賴或坐立不安時，只要搭乘私人噴射機飛到另一個地方就好了，然後去買（或是叫個人助理去買）我們想要的所有名車珍

品，並把小孩送進最棒的學校。

然後呢？在偌大如牆的投影電視上瀏覽最新的電影預告片？日復一日地沉溺於電動遊戲中？體驗一趟又一趟的感官享受之旅？公開和名流富豪們出入交際？**然後呢？**

娛樂和享樂可以讓所有人擺脫空虛感──至少一下子──但當人生走到盡頭，我們希望回顧些什麼？因此，問題在於我們必須回答自己這些問題：陷溺於自我享樂中的人生可以帶來真正的滿足嗎？

下面這則故事將回答這個一直困惑著我們的疑問。

主人翁是一位名叫威利的竊賊，他剛從一棟高聳雄偉的豪宅頂樓溜出來，結果在防火逃生梯上一個失足，從三十五層樓的高處跌落，想來應是必死無疑了。彷彿只是下一個瞬間，他突然發現自己來到一間豪華撞球場，而且還擁有完美的體能狀態──威利於是判定自己已經死掉上天堂了，因為撞球一直是他最喜歡的活動。帶著一絲放鬆和喜悅，威利抄起球桿開始得分，然後發現自己不知怎的成為了撞球高手；唯一可惜的是，這棟建築物空蕩蕩的，儘管他一球接著一球落袋，卻沒有半個人可以見證他的偉

大勝利。

　　那天稍晚，他四處走動參觀新環境，然後來到一座游泳池，發現自己可以從三米跳板一躍而下，精湛的表現足以媲美奧運選手，落水的時間也肯定能打破世界紀錄。接著他走進旁邊一間賭場，在那遇上沉默的賭場經理和無言的發牌員，他掏出口袋的幾塊零錢坐上牌桌，等離開時已經是一位百萬富翁，真是世界上最幸運的男人！他找了間酒店，並且預付了一個月的商務套房費用。隔天也和今天一樣順遂無比，他跑去玩跑車，又靠電動撲克贏了一缸子的錢，還同時和六位絕世美女共享魚水之歡，創下男性生殖能量另一巔峰。

　　威利就這樣過了絕妙的一週，接著是美妙的一個月，但隨著時間過去，他開始感到厭倦，持續不斷的獲勝、面對任何人事物都得心應手的狀況，都已不再讓他感到滿足。過不了六個月，他就覺得自己快瘋了，於是開始尋找聖彼得之類掌管天堂的人，想好好地抱怨一番。經過一番費力尋找後，他終於來到主行政大樓，一位極有效率的秘書揮手示意他進入一間大辦公室，裡面有位西裝筆挺的男

人坐在巨大的桃花心木桌後方，開口問威利：「請問有什麼事嗎？」

聽到這句話，威利開始滔滔不絕地抱怨快要逼瘋人的無聊、不費吹灰之力的成功，以及無往不利的勝利等，最後說：「我從沒想過天堂會是這副德性。」

那位官員慢慢站起身，眼神閃爍著紅色的光芒說：「你怎會以為這裡是天堂？」

世界上最富有、享盡特權的人，可能特別可以體會威利的艱困處境，因為無論金錢可以買到多少自我滿足快意，我們仍無法擁有真正的富足感，除非能找到意義、目的與連結。也因此，有越來越多的億萬富翁捐贈大筆財產，藉以找到人生的意義，許多名人也利用自己的名氣服務更高目的，並從中找到價值感。

就算退休了，還是能服務

多年前我遇到一位女士桃莉絲，她從家族信託基金中獲得數億財產。我初次與她會面時，她完全符合我對「被

慣壞的富家千金」的印象，她似乎自視甚高，但又缺乏個性，而且完全不想表現友善或禮貌——或許她認為自己不需要注意那些社交細節。家中管家清潔或照料花園時，她都視而不見，至於她會願意紆尊降貴來和我說話，是因為她熱愛閱讀，也喜歡我的幾本著作。

　　桃莉絲實在不是一個討喜的人，但我當時並不知道她在感情關係中極為不快樂，對於生命也充滿怨懟。數年後我才得知，在我們會面後幾個月，桃莉絲離了婚，並在生命中創造兩大改變：首先，她成立了一個慈善基金會幫助有需要的人，再來，她在一間小花店裡找了份穩定的兼職工作。她一直都很喜歡花花草草，如今終於有機會可以為客人提供直接、面對面的服務。桃莉絲在生命中創造了新的意義和目的，也和更大的世界建立真誠的連結。

　　不像桃莉絲，地球上有數百萬人出身清貧，每天的生活就是求一個溫飽和安身之處。甘地說：「對飢餓的人來說，上帝就是麵包。」然而儘管這些人為了勉強餬口而苦苦掙扎，許多窮困的人卻擁有清晰的意義、目的與連結，因為他們必須彼此倚靠、追求眾人之利，盡其所能地照顧

家人和社區，而或許也正是貧困才造就出這樣的精神。

對於擁有大把閒逸時間與基金的退休人士來說，也適用同樣的例子。退休人士一開始可能會沉浸於休閒活動，恣意揮霍嶄新的自由，但慢慢地，無限的閒暇時光成了永無止盡的「漫長週末」；因此和年輕大學畢業生（以及財務自由的人）一樣，退休人士也需要重新檢視目前的價值觀、興趣及才能。有些人會選擇兼職工作，但不是為了收入，而是為了感覺自己是有用的、重新建立個人或專業人脈網絡、重新肯定自己的重要，或是加入一項更大的使命。

如同年輕人可能會換好幾份工作，退休人士也可以逐漸探索出服務的最佳方式，例如在專業領域中提供輔導與諮詢，或是一天在零售業工作幾小時（和桃莉絲一樣）。所以，無論人生是貧窮、富有或將屆退休之年，最後都能走向服務。

踏上覺醒的旅途

電影「今天暫時停止」（Groundhog Day）中的主人

翁菲爾是位憤世嫉俗的氣象播報員，有次他到賓州的旁克蘇托尼小鎮報導新聞，卻陷入無止盡的時間存在迴圈裡：每天醒來他都發現自己又回到小鎮上的同一天，但也是唯一意識到每天都是同一天的角色。一開始他試著利用這種知識、占別人的便宜、善用周遭情況，隨著永無止盡的日子一天天重複下去，他開始心煩意亂，並用各式各樣的方法一次次自殺，但又立即在另一個相同的日子甦醒。嘗試過所有經驗和選項之後，菲爾最後不再抗拒，轉而開始提升自己，例如學習和練習彈鋼琴、學習醫藥及其他技能，此時他終於醒悟最終的課題：「除了服務，沒有什麼好做的，人要成為世界上有用的力量」。帶著這樣的領悟，他找到了自己的目的，以及愛與救贖。

「今天暫時停止」代表每個人覺醒的革命性旅途。隨著我們學會感謝世界給予我們的支持、餵養、教導及考驗（無論我們是否努力贏得這些祝福或是否值得這樣的恩典），想服務的召喚自然就會覺醒。我有個朋友在賣保險和提供財務建議，他告訴我：「我只想把我的工作當作一個和人接觸的藉口，然後給予一些美好與有助益的話語。

也許可以成交一筆生意，也許不能，但不管怎樣，我希望
他們的生命因此更富裕，而且至少我知道自己的生命因為
結交朋友而更富足。」他已經領悟了大部分人在尋找的東
西──我們在服務他人的同時，自己必定也會有所提升。

> 你有種神聖的召喚
>
> 問題是，你是否願意
>
> 花時間傾聽它的呼喚？
>
> 你是否願意照亮自己的道途？
>
> 你是自己生命的作者
>
> 別讓其他人替你下定義
>
> 真正的力量來自於
>
> 做你註定要做的事
>
> 並且做得好
>
> ──歐普拉（Oprah Winfrey）

在衡量自己的事業發展歷程，以及度過途中低潮困頓
等挑戰時，請記起第一種目的：學習人生的課題。目前我

們已學到許多，而且會持續適應和成長、成熟和變化。在感到困頓、停滯或甚至退步的時候，很可能是正在積蓄下一次衝刺的能量，所以**堅持下去，替自己站出來，以身作則領導，在日常生活中默默鍛鍊勇氣。**

我們的工作（或提供的服務，無論多麼卑微），都讓我們與更大的社群有所連結，因此絕不要將自己或自己的工作視為理所當然。教育家利奧・巴斯卡力（Leo Buscaglia）提醒我們：「小小的關注照料，可以改變人的一生。」透過我們的事業與志業，我們能夠轉變的正是自己的一生。

發現生命道途

- 了解你的內在召喚
- 遵循你的更高潛能

一個人穿了合腳的鞋，

卻可能咬痛另一個人的腳；

沒有一種生活方式能適合所有的人。

每個人都有自己的生命計畫，

那是絕對無法被取代的。

— 榮格（C. G. Jung）—

3-1. 解開潛藏的召喚

潛藏的召喚指出了我們來到世上的真正目的，
也就是內在的驅動力、挑戰及禮物，
但我們通常對此懵懵懂懂，或者視而不見。

前面我們已探索生命學校的地理概況，然後航向事業與志業的變動之流，那些正是生命表層的重要領域；現在，是潛入深水領域的時候了。哲學家齊克果曾說過：「我們降臨於這世界之時，身上帶著尚未拆封的旨意。」在生命的第三種目的當中，我們將會得到那些「未拆封的旨意」，並挖掘出自己的潛藏召喚及生命道途。

第三種目的來自於一項前提：我們都在攀登一座高

山，嘗試啟發自己最高的潛能，而每個人的路徑有所不同。很少人能夠從平常的意識低谷中窺見生命的動力、挑戰及禮物，因此我將「生命目的系統」的關鍵要素提出來，這套方法我在《生命數字全書》（*The Life You Were Born to Live*）中首度詳細說明。這套系統從數字提供指引，能替我們找到人生的第三種目的。

想理解第三種目的，需要敞開的心胸及好奇的心態，因為這套系統起源於古老的神祕傳統，並不容易為科學所解釋，但其中蘊含精準的訊息，指向未解的神祕傳承與未經探索的領域，而且目前仍有待更多的研究。

MB與他的教導

儘管我花費近二十年探索人類心理、各式各樣的洞見傳統、現實生活的種種形而上理論，但基本上我仍是一位實驗家。我重視科學方法，使用設計精良（雙盲法和受控制）的實驗測試一項理論或假說是否為真，例如冥想、草藥或其他替代性療法是否比安慰劑來得有效。科學方法將人類從迷信的黑暗世紀拯救出來，因此多年以來，對魔

法、許願及未經測試的概念，我一直抱持著半信半疑的態度，甚至不去考慮更深的召喚或所謂的「生命道途」是否存在。

直到一九八四年，我遇見一位非比尋常的導師，我稱呼他為MB。他閱讀了我的第一本書《深夜加油站遇見蘇格拉底》，並決定將我納入他的羽翼之下。

在第一次見面不久後，MB請我坐下並替我進行「讀心算命」，從此我的人生走上不同的道路。那次的會談中他透露許多深入的資訊，釐清我的過去、現在及可能的未來，包括許多一語中的及精準無比的描述。他的話語彷彿揭開了一層面紗，使我的視野重現光明，並讓我第一次清楚感覺到自己與生俱來的生命目的。

當時我對他可以如此看透我的生命感到無比震驚，但對於他如何獲得那些資訊卻一無所知。我非常熟知「冷讀術」的技巧與招數，許多靈媒算命都用這一套，然而MB他沒有任何通靈能力，只是曾經受過訓練，了解該「從哪裡」獲得這些資訊，但其他的再也不肯多提。

那次會面後的幾個月內，我對生命的課題更加得心應

手和敞開接受，並且展開更堅定的生活，我明白了自己今生走這一遭的原因，同時決心好好地做。我的家庭財務狀況因而好轉，我也精煉出一套生活方式，並稱之為「和平勇士之道」。

與此同時，我對MB顯而易見的直覺能力驚豔不已，因此當他公布將在夏威夷展開一套進階訓練，並教導讀心的基本技巧及其他內容，讓我們可以對他人生命抱有深刻的洞見時，我馬上第一個報名。

訓練期間，我和其他大約二十名學生一同學習，MB向我們講解這套神祕的系統。他先教導一項客觀的方法，將他人出生年月日的數字加總起來，然後從中衍生出不同的意義，提供他們人生的指引。

生命靈數讓我擁有深刻的洞見

真相大白後，一開始我感到失望透頂，彷彿魔術師揭穿美妙的幻覺，證明一切都只是鏡子和花招的效果，瞬間「魔法」不復存在。再說，拿人家的出生日期做文章，感覺像是命理學的做法，而我一直對這門學問興趣缺缺。因

此，把別人的出生日期數字加總，就能得到對方人生中關鍵議題的精準資訊，在我看來這實在毫無道理可言。

MB接著解釋，幾世紀以來，這樣的方法已在許多文化間傳承多年，只是彼此的解讀與精準程度不一。他補充道：「一旦你更嫻熟這套方法，就能自己決定這套系統的可信度。」接著他花了幾個晚上傳授知識，並且指出每個人生命中的關鍵議題，而接下來我們要探索的生命道途或隱藏召喚，指出了我們來到世上的真正目的，也就是內在的驅動力、挑戰及禮物，但許多人對此仍然懵懵懂懂，視而不見。

我從MB的講課中抄下詳盡的筆記，勾勒出約二十頁這套系統的基本要素。一回到家，我就開始利用筆記當中的基本資訊，提供家人和朋友免費的生命目的算命服務。這樣過了幾週，我就將所有資訊內化，不再需要仰賴筆記，然後在服務過數百人之後，我的洞見越顯深刻與廣闊。八年後，我訓練了一小群的治療師、健康專家和生命教練，傳授他們我稱為「生命目的系統」的知識，然後完成了《生命數字全書》。

　　本書旨在傳達生命的四種目的，在這樣的框架下，我納入了這套系統的關鍵資訊，作為幫助釐清生命道途與隱藏召喚的工具，藉此完成人生的第三種目的，但在詳細講述這套系統之前，仍要說明一下：如果邏輯感與務實的想法讓我們心生遲疑或抗拒，不想讓出生日期的數學運算替我們找到人生的核心議題，那麼大可跳過以下的計算方式，直接閱讀後面所描述的九種人生道途，然後盡可能客觀地思索，哪一條人生道途最能讓我們產生共鳴。我們永遠可以檢視自己的結論，以及生命數字告訴我們的訊息，兩相比較後再決定這套系統的可信度與實用度，看看它是否足以提供清晰明確的洞見。

3-2. 生命靈數與九條道途

生命靈數指出了九條生命道途，
我們可以用自己的生命故事與經驗來一一檢視，
而每一條生命道途都代表著不同的驅動力與挑戰。

我們可以透過兩種方式找到自己的生命靈數，拿到生命道途的鑰匙。第一種方式比較迅速，也比較準確。

方式一：使用線上生命目的計算機

1.請上網連結到www.peacefulwarrior.com網站。

2.點選「生命目的」（Life Purpose），連結到生命目的計算機。

3.輸入出生年月日就能看到自己的生命靈數,以及一段關於生命道途的簡介。請將自己的生命靈數記下來,再繼續閱讀。

方式二:動手算算看

如果無法使用網路,請翻到本書的附錄(第185頁),依照指示自己算算看。算出生命靈數之後,一樣記下來並繼續閱讀。

現代人大部分都擁有總共包含三個或四個數字的生命靈數,少數於二〇〇〇年後出生的人,生命靈數則可能是一位數。

我們很快就會知道一到九的數字意義與重要性,它們都與生命旅途中的挑戰有關,生命靈數中的每個數字都能提供我們的生命資訊與遠見,不過,請注意以下事項。

· 如果我們的生命靈數包含三個數字(例如27／9),那麼在斜線右方的最後一位數代表了我們的隱藏召喚,也就是要達成的第三種目的。

- 如果我們的生命靈數包含四個數字（例如29／11），那麼中間的兩個數字（斜線兩端的數字，也就是9和1）分別代表了第三種祕密的關鍵。
- 如果我們的生命靈數是罕見的一位數，那麼這個數字就代表了第三種目的。
- 在生命道路前行、成熟的過程中，與我們生命靈數相關的特質會漸漸演變，從較為負面（較不成熟）轉向較為正面（具建設性）。

　　為了理解這些數字和原則，並將它們帶入日常生活中，現在就讓我們來看看每個數字的主要意含及議題。

　　請研讀以下敘述，並以自己的生命故事與經驗為濾鏡來檢視，並特別注意我們的生命靈數所包含的數字。請記得，（數字一到九所分別連結的）每一條生命道途或召喚，都代表了主要的驅動力與挑戰。

1：創意

　　數字1擁有創意能量。不管是在藝術領域（寫作、視覺媒體、演戲、音樂）或教育、企業、家庭和養兒育女，

甚至其他所有創意可能發揮的地方，創意都能帶來新的方向、解決方案或做法，同時也象徵擅長創新或再創新。生命靈數中有1（或是兩個1）的人若能面對自己內在的不安全感（一種潛在的卑劣感及渴望證明自己的動力），不再試著融入人群，那他們的創意將如滔滔不絕的河水傾倒而出。但創意能量是一把雙面刃，它可以顯化為正面、具生產力、建設性的事物，也能透過負面或具破壞性的方式顯現，例如濫用或成癮。身體運動可以幫助生命靈數有1的人將能量扎根及平衡。若能以正向的方式善加利用，生命靈數1的人可以施展魅力、吸引與啟發他人找到自己的創意。

2：合作

數字2代表了合作服務的動力及議題，他們傾向過度合作，或者在關係一開始就熱心過頭、付出過多，以至於有時候導致自己面臨被奴役般的境遇——先是給予再給予（不管對方是否有開口要求），接著心生憎恨與抗拒而退縮（肉體或情緒上的），感覺自己的辛勞被視為理所當

然，接著心生憎恨，導致抗拒或退縮。生命靈數中有2的
人和有4的人一樣，可能會過度有責任感，並一肩扛起解
決問題的責任，例如「我全部自己來就好」！因此有時他
們需要學會適度分工。對於生命靈數中有2的人來說，關
鍵在於建立平衡及界線，藉以區別他人和自己的需求及責
任。生命靈數2的人可以是世界上強而有力、任勞任怨的
工蜂、滋養者與照顧者，雖然也能居前當個領導人物，但
最令他們感到深刻和滿足的召喚是提供忠誠、可靠的支
持，協助其他擁有更高目的的人、組織或企業。

3：表達

　　生命靈數有3的人擁有情緒脆弱與敏感的靈魂（無論
別人是否看得到），他們是天生的浪漫主義者。他們具
有纖細的感知，因此外界的批評會更令他們椎心，但也
同時讓他們能夠直覺性地理解和與他人連結。數字3的人
擁有強烈的自我表達驅動力，無論是透過演講、寫作、
音樂、藝術、公關、教練或教學；如果3的表達動力遭到
阻礙、窒息或妨礙，他們可能會情緒不穩、憂鬱沮喪或善

於操控（頻頻暗示而不是清楚表達自己的需求）。在負面
狀態下，3的能量會導致抱怨、諷刺、污辱、閒話或譏諷
嘲弄；在正面狀態下，生命靈數中有3的人可以帶來具創
意、有建設性、激勵人心、鼓舞士氣和熱情洋溢的表現。
生命靈數3的人最大的障礙是自我質疑，也就是覺得自己
尚未準備好或能力不足，若有勇氣跨越這項障礙，他們可
以替世界帶來振奮人心的表現。

4：穩定

　　4的能量代表對結構和穩定的深刻召喚，不過這類型
的人卻喜歡反其道而行。生命靈數中有4的人對生命充滿
野心，習慣和人群一起解決問題，而且具有分析能力，因
此是天生的管理及組織人才；但4也有過度分析的傾向，
容易導致心生困惑，這時寫下選項並跟從直覺會有所幫
助。生命靈數中帶有4的人天生具有內在力量，但有時會
演變為拘泥及固執，因為他們看待自己、別人還有世界的
方式是那些人事物「應該有」的樣子。和生命靈數中有2
的人一樣，有4的人需要辭去「宇宙總經理」的職位。數

字4的人若能善加利用清晰、一步接一步的漸進過程以達成目標，並在所有事情上都這麼做，這對他們而言將大有好處。當生命靈數4的人能夠平衡力量與彈性、分析與直覺，用耐心及堅持均衡地行動，就能在生命和關係中建立穩固的基礎，並能締造偉大的成就。

5：自由

5代表自由，也就是擁有動力去體驗生命中的許多面向。生命靈數中有5的人活潑外向、反應機敏、性格多變，他們能透過許多不同的角度檢視生命，但過多的興趣可能讓他們分身乏術或精疲力竭。有數字5的人很容易感到無聊，喜歡尋求戲劇張力和刺激感，甚至有時自己下場製造效果。這些人熱愛自由，喜好新的經驗或冒險（無論是直接或想像），對安全穩定的生活或銀行存款多寡反而沒那麼在意。他們擁有強烈的動力去拯救他人，或是替弱勢者發聲。對擁有數字5的人而言，從獨立轉為依賴是一項巨大挑戰，但透過建立相互依賴的關係、健康的自我獨立生活，對生命靈數5的人來說有很大的幫助。他們是否

自由的關鍵在於擁有清晰的優先順序與注意力，並以這為基礎建立自律——畢竟深掘一口三十公尺深的井，好過淺挖十口只有三公尺深的井。另外，在協助他人解放的過程中，生命靈數5的人也會找到自己的自由真諦。

6：遠見

　　數字6的人對美麗、純潔、正義、公平和真實抱有高度理想及標準，但理想主義很可能導致失望，因為只有極少數人或情況能夠達到他們的期望。**幻滅**對數字6的人來說是如暮鼓晨鐘般的關鍵詞，從負面的角度來說是失望沮喪，但正面的角度來看則是從幻覺中解脫出來，開始邁向真實世界以及擁有更成熟的觀點。在小組學習的環境中，擁有6的人傾向於將自己和最有成就的人做比較，即使他們做對二十件事，還是會雞蛋裡挑骨頭地執著於一個錯誤。如果能揚棄完美主義、採納不同的觀點，並學習接受生命的本然面貌，他們就能學會慶祝自己的進步，而不是陷溺於過往所謂的錯誤中。若生命靈數6的人能慢慢欣賞生命的自性發展本來就很完美，自會在適當的時機成熟，

那他們有所擔當和遵守承諾的個性，將能實現更美好的世界的遠見。

7：信任

　　7的功課圍繞著信任：對自己和他人的信任，還有對生命自會開展的信任。7的能量是內觀與充滿洞見的，生命靈數中有7的人具有纖細敏銳的心靈，可以解讀字裡行間的深意。7是天生的學者及研究者（或隱士，雖然他們的社交性其實也頗強），他們需要獨處，也樂在其中。他們注重隱私、易於懷疑、奉行個人主義，常常不是分享太多就是保留太多，如此一來容易導致朋友誤解，變成他們眼中的背叛。具備7的能量的人需要學習相信自己的身體、直覺與判斷力，而不是盲從書籍、專家和其他人的理論（包括陰謀論）。平時生命靈數7的人目標清晰、能力過人，他們可以在大自然中重新充電與振奮靈魂，因此花園、海灘、沙漠或高山都是不錯的選擇。一旦他們學會信任自己，就能透過清晰的協定和其他人建立信任關係，並在足以倚靠的世界中達到放鬆與敞開。

8：認可

數字8的人對物質成就充滿了動力、掙扎、複雜的感受及深刻的滿足,包括工作、金錢、影響力、自我控制與權威性都是他們的課題。擁有8的能量的人可能(甚至是對自己)有股內在動力想追求認可,但也可能憎恨他人炫富、展現權力或權威的行為。無論他們在學校成績高低如何,數字8的人擁有強大、充滿邏輯和策略的心智,同時具有遠見、能夠預見危險。不過,和擁有4的能量的人一樣,他們必須持續勤奮地努力,才能達成目標。數字8的人喜歡創制規則,卻不善於遵循規則,他們很容易抗拒他人的回饋建議,對他們來說這是很大的功課。他們必須先接受自己目前的物質成就地位,只要願意邁步向前堅持到底,就能獲得個人的力量去實現目標。生命靈數8的人可以透過生產力十足的企業來成長和改變,並實現自己的志業(有時是出於慈善或人道的動機),同時藉由創造世界更高的福祉來達成個人物質上的成就。

9：正直

　　數字9的人代表領導眾人的一群人，他們充滿智慧，生命經驗和典範可以吸引他人的依循；然而，只有在生命靈數9的人克服重重阻礙、在經驗中學會了課題、成為「真實」的人之後，才能成為誠正與智慧的典範。他們獲得智慧的道路也許漫長，但終於成功之時，也將成為絕佳的有力支持者。由於具有深度和魅力，生命靈數9的人經常成為領袖，他們可以成為正直的表率，反之則必須承擔結果。他們身邊可能圍繞著親朋好友，但仍會感到孤寂，因為他們傾向於活在自己的心靈世界中，此外也常擁有和現實生活歧異的想法。他們擁有黑白分明的意見，同時又對其他人的看法極度敏感，唯有當他們將自己從「意見之神」的影響下釋放，才能聆聽心靈的神祇或女神的聲音，找到自己的天賦權利和命運的核心：智慧。透過照亮他人的生命旅途，生命靈數9的人將能展現領導力的真正價值。

3-3. 釐清自己的生命靈數

在了解不同的生命數字後，
我們可能會開始了解自己的生命靈數，
看見它們的確更能表達出
我們在生命劇場與日常生活中的力量及挑戰。

現在請深呼吸，慢慢吸收以上的資訊。如果沒看過
《生命數字全書》，可能需要花些時間消化前面的
重點訊息，以及了解一到九所代表的主要「潛在道路」和
相關的特質。給自己一些時間，探索這些數字哪些地方符
合（或不符合）過去或現在的經驗，而接下來的內容將協
助我們更能釐清生命道途，因為這和生命的第三種目的息
息相關，也就是我們的隱藏志業與更高的潛能。

　　此時此刻，很有可能我們對九大分類中的大部分或全部項目都有共鳴，像是

1──我們都曾發揮過創意，或在某些時刻感到不安；

2──我們都曾支持過別人，有些人卻將我們的心意視為理所當然；

3──我們都會有自我質疑的時候，或是在自我表達上有些問題；

4──我們都會感到不耐、固執、困惑，或曾經衝動行事；

5──我們都曾渴望獨立，或是替弱勢者加油；

6──我們都曾將某人理想化，但他們卻讓我們失望或無法達到我們的期望；

7──我們都曾需要獨處的時間，或感覺遭受背叛；

8──我們都曾希望能影響他人，或有金錢方面的問題；

9──我們都曾擔任領袖的角色、偏離正直的軌道或需要認清現實。

　　我也在自己的生命中發現許多主要數字的面向，因

為這些議題都是人類經驗的一部分。然而，如果每個生命數字都是一套衣服，在試過不同的生命數字（以及相關的議題）後，我們可能會開始了解自己的生命靈數，看見它們的確更能表達我們在生命劇場與每日生活中的力量及挑戰，例如：

- 如果我們的生命靈數中有1，將感覺（或一直都感覺）到一股要證明自己的需求；當我們的創意天賦得以流動時，會覺得最上軌道。
- 如果我們的生命靈數中有2，將掙扎（或一直感到掙扎）著要平衡付出與接受；當我們的支持、努力得到接納與感激時，會覺得最上軌道。
- 如果我們的生命靈數中有3，將感覺（或一直都感覺）到自我質疑和敏感情緒的波動；當我們找到一位善於接納的聆聽者時，會覺得最上軌道。
- 如果我們的生命靈數中有4，將感覺（或一直都感覺）到過度分析帶來的困惑；當我們身處家庭中或擁有人生其他支柱時，會覺得最上軌道。

- 如果我們的生命靈數中有5，將同時感覺（或一直都感覺）到獨立與依賴；當我們勇於服務他人時，會覺得最上軌道。
- 如果我們的生命靈數中有6，將感覺（或一直都感覺）到自己應該可以做得更好；當我們接納自己及世界的本然樣貌時，會覺得最上軌道。
- 如果我們的生命靈數中有7，將感覺（或一直都感覺）到被背叛；當我們學習信任自己的身體、心靈和生命時，會覺得最上軌道。
- 如果我們的生命靈數中有8，將感覺（或一直都感覺）到對金錢、名聲與權勢有複雜的情緒；當我們透過傑出的表現服務他人並獲得認同時，會覺得最上軌道。
- 如果我們的生命靈數中有9，將感覺（或一直都感覺）到清晰的誠信價值觀；當我們先成為楷模榜樣，然後再領導和引導，會覺得最上軌道。

3-4. 你我不同與相同之處

儘管擁有相同的生命靈數，
我們仍可用獨特的方式經歷與回應這些議題，
走出一條屬於自己的獨特道途。

即便人們的生命道途相同，也沒有兩個人是完全一樣
的，就算是同卵雙胞胎也會發展出各自獨立的個性
及興趣。可能帶來影響的因素包括出生順序、性別、家庭
氣氛、童年經驗等，這些都會左右我們的決定與回應，幫
助形塑我們的人生。這星球上沒有一棵樹會與另一棵樹完
全相同，但我們仍然能夠準確地描述出紅木、松樹和樺樹
之間的差異。

　　儘管我們具有個人差異，人類同時也擁有明顯的生命道途模式，每一條路都有共同的議題、潛能與挑戰。我們將透過自己的方式、用自己的步伐解決那些共通的問題，所以走在相同道途上時，如果我們用比較正面、具建設性的方式處理那些議題，而另一個人卻著眼於負面、具破壞性的面向，那麼兩方的生命將截然不同。

　　一九〇〇年至今，出生的數百萬人中總共有四十五種可能的生命靈數組合，儘管擁有相同的靈數，我們仍可以將自己的生命靈數視為個人的道途，因為我們會用獨特的方式經歷與回應這些議題。最後我們會知道，經歷生命道途的方式並沒有最好或最差的區別，只有**生活**和**學習**才是重點。

　　在面對許多掙扎與進步的時候，透過耐心和同理的自省，我們可能觀察到自己的生命中同時具有負面及正面元素。請注意我們曾經走過的路、目前所在的地方和未來要走的方向——也就是想成為什麼樣的人；同時請記得以下這段傳誦已久的故事，這是一段美國原住民長者與孫子的對話：

　　孫子替自己惹上了一些麻煩，祖父對他說：「每個人的身體裡都住了兩匹狼，一匹溫和、平靜又生氣盎然；另一匹則殘忍、暴戾又具破壞性。」

　　「爺爺，那麼我體內哪匹狼比較強壯呢？」孫子問道。

　　「你餵養的那匹。」老人答道。

　　這就是我們體內的自由與力量：在生命學校成熟和改變的過程中，我們可以選擇啟動生命道途上的負面可能性，或是餵養那些較為正面的面向。這種選擇的力量代表著，跟隨我們的生命道途而行永不嫌晚，換句話說就是：全然活出我們的天命，永不嫌晚！

　　為了深化並強化對以上內容的理解，以下是生命目的系統的基礎前提，它們將陪著我們開展自己的生命道途。

一‧生命靈數代表我們來到地球的揚昇之途

　　這是一段上坡路，因此我們來到這裡的使命，不見得就是做最容易做的事情。事實上，我們的生命道途將帶來特殊的挑戰與潛力，在克服障礙的同時也能體驗到好處，

而這項原則適用於每個人的主要靈數。

　　例如，生命靈數中有1的人（特別是雙1的人，例如19／10或29／11）擁有更高的創意潛能，但同時也會更深刻地感受到不安全感。因此，他們無法每次都能立刻展現創意天賦或藝術才能，甚至可能一開始只展現出較少的創意（或以負面的方式展現），直到最後終於克服不安全感，勇敢成為獨一無二、匠心獨運和與眾不同的存在。

　　反面的例子也值得注意，例如我自己的生命靈數（26／8）並不包含數字1，這並不代表我一定缺乏創意，而是表示我在這塊領域中不像有1的人這麼敏感、會面對這麼多的挑戰或潛能；相對來說，創意與不安全感並非我生命中的主軸議題，但對生命靈數中有1或11的人來說卻是如此。

二‧所有的生命道途都具有正面和負面兩極

　　無論我們選擇加強正面或負面，都會形塑自己的生命道路，而這股力道比其他因素都強大。（至於為何一個人選擇製造應用軟體，另一個人卻選擇研發出軟體病毒，這

大概可以寫成另一本書。）

三·沒有好壞之分

　　沒有一條生命道途比另外一條更好（或更差）、更簡單（或更困難）；它們只是不一樣，分別代表獨特的優勢與挑戰。

　　了解生命靈數的關鍵重點及運作方式後，我們可能會想在現有的理解框架下，複習九條生命道途的內容（或至少複習自己的主要生命靈數）。小說家安雅·席頓（Anya Seton）曾說過：「深林間有許多條小徑，但最後它們都會通往山頂。」每個人天生就有不同的挑戰與禮物，該如何面對和運用它們，則操之在己。

3-5. 生命靈數如何與事業搭配

> 沒有一條生命道途或特定的生命靈數
> 可以預測成功或失敗，
> 我們必須帶著自己獨特的資源，
> 投入自己選擇的事業中，慢慢攀爬自己的潛能之峰。

許多剛發現生命目的系統的人充滿熱情，常希望獲得的資訊及洞見能解決生命中的所有謎題，例如揭露他們應該追求的特定職業或事業，或預測在特定領域中的才能或成就。

好比，生命靈數中有8的人天生就有種動力想影響他人，他們是否都該成為律師、政治家或神職人員？那些有1（或雙1）的人是否應該投入演戲、音樂或繪畫等藝術創

作中？生命道途在7的人，是否自然會想獨處和追求學術成就，全部變成研究者？那些商業鉅子是否都充滿魅力，像是生命道途在9的人自然會追求領導職位？那些生命道途在5的人是否不禁想拯救他人，因此投入搜救或社工工作？

不，並非如此。

因為我們比我們的生命靈數更複雜。儘管我很想將生命目的系統視為所有事業抉擇的解答，但生命靈數並不能決定我們該做什麼工作，它的功用反而是給予我們一些啟發，明白應該**如何**面對所有工作，以及可以帶進工作的品質是什麼。

面對特定的某種工作，每個人與每條生命道途都會帶來不同的天賦、品質和挑戰。例如在戲劇界中，生命靈數為33／6的梅莉史翠普不僅展現出過人的敏銳度，還擁有精通各式方言腔調的專長（雙3），6追求的高標準，則讓她為了準備演出音樂老師的角色而學習拉小提琴。小勞勃道尼（Robert Downey）的生命靈數是29／11，帶有9和雙1，他那過人的魅力及豐富的創意能量，讓他可以在每一

幕盡情展現原創精神。

　　梅莉史翠普和小勞勃道尼都很傑出，卻以不同的方式發光發熱、反映出不同的生命道途。我們會發現其他備受尊敬的演員與各行各業的人士，都有面對工作的獨特方式，這些不僅反映出他們人生的課題，同時也讓我們看見基因差異、生命經驗、時機運氣和積年累月的努力，最終才造就了他們在各領域中的成功。因此，沒有一條生命道途、特定的生命靈數可以預測成功或失敗，我們都得帶著自己獨特的資源組合，投入所選擇的事業、志業中，慢慢攀爬自己的潛能之峰。

　　許多歷史上的知名人物，以不同的方式在生命道途的挑戰中載浮載沉，有些人走向正途，有些人則誤入歧途。比方說，影帝保羅‧紐曼（Paul Newman）、歌手兼演員芭芭拉‧史翠珊（Barbra Streisand）、太空人阿姆斯壯、人道主義家凱薩‧查維斯（Cesar Chavez）、發明家貝爾（Alexander Graham Bell）、喜劇演員格魯喬‧馬克斯（Groucho Marx）、小兒麻痺疫苗發明家沙克博士（Jonas Salk）、奧運名將傑西‧歐文斯（Jesse Owens）、雕塑家米

開朗基羅，以及數位教宗都擁有26／8的生命靈數；但奧薩瑪・賓拉登（Osama bin Laden）也有相同的生命靈數。

另外，又好比激勵人心的名人楷模如海倫凱勒、奇想詩人威廉・布雷克（William Blake）、人權領袖史考特・金恩（Coretta Scott）、臉書創辦人馬克・扎克柏格（Mark Zuckerberg）、醫療先驅曼寧格博士（Ksrl Menninger）、美國總統羅斯福、哲學家羅素都擁有32／5的生命靈數；但希特勒也有相同的生命靈數。

以上列舉的人在不同的領域間享有盛名，雖然人人都是獨一無二的個體，卻共享類似的強處和挑戰。他們如何對世界造成如此不同的影響？答案是，大部分的人克服自己的挑戰，並將能量發揮在正面、具建設性和創意的地方，而少數人則發揮在負面和具毀滅性的地方。

永遠不要誤以為生命靈數定義了我們的為人，或限制了我們在世界上的選擇。這套系統的用意在幫助我們提升、澄清及聚焦洞見和同理心（對自己及他人），是一個提高自我認識的工具。數字只是指出我們能帶進事業及志業中的資源，也點出未來可能會遇上的阻礙。

3-6. 道路創造勇士

我們的道途將引領著我們，
在前行和攀爬的過程中，
道路可能會扭曲或出現阻礙，
但攀爬的過程也讓我們發展出完成旅程的能力。

某些心理治療或心理分析認為，若能對我們的傾向、過去行為、形塑或創傷經驗產生突破性的洞見，則會帶來淨化作用、釋放我們，並打開一條全新的存在、生活與處事之道。

　　健康檢查和自我檢視絕對有其價值存在，同樣地，根據現實條件評估我們的過往及現在的傾向，也會帶來幫助，因為只要察覺到問題的存在，就踏上了通往解決方案

的道路。

除了有洞見，還要採取行動

　　然而，即便我們看出問題的蹊蹺，改變仍然可能緩慢而困難，甚至是走兩步、退一步。知道自己害怕電梯或封閉性空間、黑暗或昆蟲（或甚至發現導致恐懼的關鍵事件），都不代表我們能夠立即一路搭電梯來到六十六樓、在小房間裡感到輕鬆自在，或在黑漆漆的衣櫥裡和某人的寵物毛蜘蛛相伴。

　　我有幾位朋友曾經接受廣泛性的治療，還有人花上半天分析自己的傾向，再花上另外半天將情況誇張戲劇化。當他們說：「哦，我患了慢性遲到病。」或「她一做那種事就會把我逼瘋。」時，我都會想反問他們：「既然你已經知道情況了，現在你要怎麼做？」

　　光有洞見是不夠的，它頂多提供了一張地圖，但我們仍需要雙腳踏上真正的旅途。如同我先前說的，光是**想像**某件事，其實等於根本沒有做。我們在人生學校中學到一課沒錯，但唯有我們的行為改變，才算真正學會。

　　當我們探討第一種目的（學習生命的課題）時，我介紹了學校的規章，也就是現實法則。有些法則比其他來得更重要，能夠創造出某種槓桿動力，幫助我們克服生命道途中的阻礙，讓我們能夠**實際去做**、採取行動並改變行為。想更深入學習每條生命道途相關的法則，可以參考第三種目的的資料來源《生命數字全書》，另外《鹿智者的心靈法則》（*The Laws of Spirit*）一書中也有提到各種法則的更普遍運用方式。

生命會按照自己的步伐慢慢展開

　　利用生命目的系統，再加上誠實的自我探索與自我觀察，我們會更了解自己和自己的隱藏召喚，也就是來到這世界要真正面對和達成的事物，藉此完全發揮我們的潛能。至於該如何運用那些潛能，線索將在生命展開和時間推移的過程中慢慢顯露出來。

　　我們完成了幾成的隱藏召喚，取決於如何在途中回應所有遭遇到的挑戰。無論身住何處、出身清貧或富貴之家，我們都有責任、機會與能力點燃內在的最高光芒，但

同時，請將更高層的真相銘記在心：我們的生命正按照自己的步伐慢慢展開。我們無法預測或迫使生命道途的方向改變，但可以在旅途中的每一小步優雅前行。

請明白，我們的道途將會引領我們，我們不可能迷路。無論踏向何方，道路都會出現在我們的腳下，在前行和攀爬的過程中，道路可能會扭曲或轉彎，甚至出現阻礙，但如同我的老心靈導師不斷提醒我的，如今我也要再次提醒：「道路創造勇士。」攀爬的過程讓我們發展出完成旅程的能力，爬得越高，就能看得越遠。

若知識就是力量，我們現在已更深入地了解生命的三種目的，也更能行使它們的力量：在人生學院中學習關鍵的人生課題；充滿智慧地選擇一份令人滿足的事業，以及了解隱藏或更高的召喚，然後繼續攀登至潛力的巔峰。

專注於當下

- ・投入專注力
- ・在每個當下努力

除了當下此刻的唯一目的之外

再無其他

人之生命為此一刻與彼一刻之積累

當全然理解當下

將再無所為

再無所求

── 山本常朝（Yamamoto Tsunetomo），《葉隱聞書》──

4-1. 當下的力量

每一個當下都是打造地基的磚塊，
而我們的生命正是建構在這之上。

思考一下我們目前在前三種人生目的中的發現：首先，學習生命的課題、學校的規則和人類的課表；第二，善用工具來認識自己，協助我們選擇充實的事業與志業；第三，使用一種特殊的方式決定並專注於自己的人生道途（或更深刻的召喚）上。

這些資訊可能讓人感到難以招架，我們該如何組織、萃取其中的精華，並在每天的生活中運用呢？為了達到

這個目的，現在該將所有知識整合，拼上最後一片拼圖了——也就是第四種目的。它整合了前三種目的，並將它們全部帶入當下的簡單及力量之中。

　　無論人生帶來什麼（喜悅或失望、負擔或鼓舞），在搭配所有的複雜情況、責任義務裡，我們還是可以面對這個升起的當下。**「現在」**就是我們進入第四種目的的關鍵。

生命中最重要的目的

　　過去多年來，除了寫作、演講與教課外，我也透過電話或直接在北加州的家見面等方式，提供一對一的輔導服務。某天，彼得來到我家接受輔導，在相互寒暄且他付清服務費用後，我以一個關鍵問題作為開場：「你來到這裡的目的是什麼？你想要達成什麼？」

　　當我問他時，他只是呆坐在那裡，雙眼直視地板，然後回答：「我不知道……我沒有目的。」

　　「這樣啊，那如果你的確知道自己的目的，那會是什麼？」

彼得搖搖頭，重複著：「我沒有目的。完全沒有。」

　　我想了一下，然後說明：「這次輔導的成效，完全基於你想要達成什麼成果，彼得，既然你確定自己沒有目的，我只能謝謝你遠道而來，很高興認識你。現在，出去的時候可以麻煩你把門帶上嗎？」

　　彼得露出震驚和些微失措的表情，他站起來走向門口，接著轉頭說：「等一下！我千里迢迢來到這裡，而且還付了你一大筆錢，是要和你面談九十分鐘耶！」

　　我笑著說：「你知道嗎？我想你剛剛找到一個目的了，請坐下。」

　　這有點像是禪宗的小伎倆，幫助彼得了解他的確有個目的：和我相處九十分鐘。當我們的晤談結束後，我向彼得保證他會找到另外一個目的——找到他的車子、打開車門、坐進車內、繫上安全帶、發動車子，然後開車回去（路上不要撞到任何人或東西）。然後，當他抵達目的地之後，又會出現另外一個目的。

　　我告訴彼得一個小故事，那是發生在一位哈西族猶太人大師喪禮上的一段小對話。有位賓客前來弔唁，她詢問

一位長期跟隨大師的門徒說：「對你的老師來說，最重要的是什麼呢？」門徒回答：「無論大師當下在做什麼，對他來說那就是最重要的事。」

我用這個故事提醒彼得，今天的目的就是今天，每個時刻都是如此。

彼得曾認為自己毫無目的，因為他尚未找到生命中更大的使命，但是他沒有注意到最重要的目的，那就是我們每個人都會面對的**每一個當下**。這些時刻是打造地基的磚塊，我們的生命建構在這之上。

留心每個升起的當下，這是許多不同文化、不同時空的先聖哲人都曾提出的觀念。耶魯教授威廉‧菲爾普斯（William Phelps）說：「我努力將每一天當作我最初經驗的一天，也當作我生命的最後一天。」禪宗的弟子丸泰仙曾提醒學生：「此時此地就要快樂，不然你永遠也不會快樂。」作家瑪格麗特‧波蘭諾（Margaret Bonanno）也說過：「唯有活出每一個當下，才有可能從此過著幸福快樂的日子。」

我們學習人生中的課題（第一種目的）、我們選擇

自己的事業與志業（第二種目的），然後我們完成生命道途和隱藏召喚（第三種目的），但這些都要在**當下此刻**完成。

　　現在，歡迎來到生命中的第四種目的。無論我們走到哪裡，無論時鐘上顯示的時間為何，我們都永遠在現在、在這裡。

4-2. 生命是一連串片刻的組合

即使我們擁有遠大的夢想，
還是需要從小地方開始做起，
然後再連接每個由一連串片刻堆積而成的點點滴滴。

鬼臉泡泡（Snood）並不是什麼東方大師或我心靈導師的親戚，他不是一個人，而是一款容易使人上癮的線上遊戲。就像大部分容易上癮的遊戲一樣，它的魅惑力來自簡單：我們發射一顆小小圓圓的泡泡，瞄準一團相同顏色的泡泡；如果瞄準對了，泡泡就會消失，而遊戲目標是讓越多泡泡消失越好。這款遊戲不僅可以培養出目標感（照理說，我們在現實世界中也可以消除其他出現在眼前

的彩色泡泡），還提供了可以浸淫其中和娛樂消遣的時光（以及許多不具生產力的時間），因此可說是一種模擬的靜坐冥想、一種不需流汗的運動，也是一項與世隔絕的活動。

　　但鬼臉泡泡有美好而不為人知的一面，可以展現出人生中超越性的教導，那就是「天真地活在新鮮的當下，而不帶任何評斷或期望」。這項美妙的啟示是否能成為藉口，證明我們抓著滑鼠數小時、嘗試超越自己的最高分數是合理的行為？也許不能，或者可能可以，端視我們如何看待以下的內容，那麼或許浪費在鬼臉泡泡上的時間也不完全是虛擲。

　　我從鬼臉泡泡得到的啟發是這樣的：每射擊大約五次，全部的泡泡組合就會改變，之前的畫面再也不復存在。全部都會改變，就像人生一樣。對於下一次的射擊，所有我之前計畫好的策略都已派不上用場，因為眼前是一場全新的（泡泡）球賽。抗拒或後悔都沒有用，我必須立即轉換心理思緒，帶著新鮮的眼光重新檢視情況，並針對此刻的情況做出反應，就在當下。

一刻接著一刻

　　萬物皆會改變，而且是一再地改變。每次的要求都相同：現在呢？我當下的目的是什麼？鬼臉泡泡教導我不要對過去流連忘返，或眷戀本來可以如何、原本應該要怎麼樣，而是專注於此刻當下。羅馬君王馬爾庫斯·奧列里烏斯（Marcus Aurelius）曾寫道：「時間是川流不息的河水。一刻出現在眼前的瞬間就會被沖走，然後另一刻就取代它的位置，而這一刻，也將被沖走。」每個時刻的展開，如同在海岸上碎裂的浪花，如果我們被一個浪頭打倒，就再度站起來準備迎接下一道波浪。一波接著一波，一刻接著一刻。

　　我們的一生包含了一連串的片刻，如同詩人艾蜜莉·狄金生（Emily Dickinson）所寫：「永遠也是由片刻組成。」沒有人永遠聰明、善良、殘酷、神經、高尚、開明、好笑或哀傷；但有些人聰明、善良、殘酷、神經、高尚、開明、好笑或哀傷的時刻比較多。所以實際一點的目標，可能是增加善良、開明、聰明或快樂的時刻。

　　人生在世，我們每個時刻都在從事某些活動，可能是

睡覺作夢、歡笑遊樂、靜坐冥想、寫作或是伸展肢體。生命由行動或靜態活動組成，這一刻連接至下一刻。因此，即使我們擁有遠大夢想，仍要從小地方開始做，然後再連接每個點點滴滴，而那些點滴都是由片刻堆積而成的。

我們此刻正在做什麼？坐在一張椅子或沙發上嗎？還是在跑跑步機或踩腳踏車？也許我們正躺在床上、坐在桌旁或躲在渡假村或海灘旁的陽傘下乘涼。無論身在何處，閱讀可能是我們當下的目的。也許我們會暫停片刻，抬頭看看四周，深呼吸、啜飲一口飲料或咬一口點心，而這些，就成為下個片刻的目的。

每個片刻都是一項禮物，就像諺語說的：「片刻可以改變一天，一天可以改變一生，一生可以改變世界。」

做出當下的決定就好

所有決定都在當下發生，為了當下而發生。試著做出長期決定，如同嘗試一次吃完一輩子的食物一樣。潮水持續湧流上岸，環境也不斷地在改變，每個當下都是新的。若想知道過去做了什麼決定，觀察我們此刻的行為就會知

道。

透過以下的原則及觀察，我們可以開始鍛鍊「下決定」這件事情，以及如何活在當下。

• 只需要決定「此刻我們要做什麼」就好

這是我們唯一或自始至終所做的決定。決定只對現在重要，因為決心頂多是良好的意圖，若我們希望達成心願的話請下決定，然後面對下一刻，迎接下一道波浪。問問自己，現在會怎麼做？

• 只要在「非決定不可時」下決定就好

決定要就讀哪間大學、接受哪份工作、或是要和哪個男人或女人約會結婚，在決定的當口來臨之前都不一定要選擇。另外，不要為此感到焦慮不安，只要做這個當下我們自然會做的事情就好。

• 只需要在重要時刻管理（或改變）生命就好

匿名戒酒會的一句名言是：「一次嘗試一天就好。」

在現實生活中，我們只需要一次面對**一個時刻**就好。那些擁有強烈飲酒衝動的人，也不是無時無刻都感受到誘惑，除了衝動升起的當下，他們不需要在其他時候決定不喝酒，至於衝動升起時，他們可以決定不喝，並打電話給支持者或參加會談。

・越靠近必須下決定的時刻，決定就會越清晰

　　決定明年或退休後要做什麼實在很困難，通常會導致非常不精確的想法，而且頂多只是臆測。再次強調，那只是一個願望或意圖而已。決定此刻要做什麼，自然是取決於當下的情境。

　　我們唯一需要管理的就是**當下**。**這就是**我們當下的力量。

4-3. 安住在永恆的當下

並沒有所謂平凡無奇的時刻，
這項體認與挑戰是我們人生中的至要關鍵。

所有物理學家都提醒我們，人們平時以為的「當下」並沒有客觀的現實依據，換句話說，它其實並不存在。如果我們以最快的速度說出「現在」這兩個字，在開始發出「現」這個音到「在」的時候，數以百萬計的奈秒已經呼嘯而過。科學家暨哲學家威廉‧詹姆斯（William James）說過：「它在哪裡，這個當下？它滑出了我們的掌握之外，在我們得以觸碰到它之前消逝無蹤，在形成的瞬間就消失不見。」

然而矛盾的是，我們擁有的只有永恆的現在。我們在時光之流中順流而下，順著河水漂流，保持著完美的靜

止，也正因如此，我們得以穿越時光，卻仍然維持在當下的靜止之中。過去和未來於現在同時發生。只有現在，**無論我們走到何處都只有現在。**

過去是回憶，未來是想像，兩者都是值得造訪的美好地方，但我們不會想要在那裡長居久留。和過去或未來相連的目的並不切實際，那些只是心靈捏造出來的幽靈，我們只需處理眼前的事情就好。透過留心第四種目的（升起的當下），我們將找到簡單的人生之道。現實是我們現在的位置——在靜止中移動、在時光之流之中漂流，安住在永恆的當下。

不將此刻與過往回憶或想像的未來做比較，我們就能在現在、在這裡找到滿足。一位禪宗智者曾說：「餓了吃飯，渴了喝水，睏了睡覺。」

臨在於當下的挑戰

臨在於每個升起的當下，這項挑戰可以用一個問題來呈現：我們多常有意識地好好吃一餐？仔細想想這個問題，我們上次專心吃飯是什麼時候的事——不是一邊吃一

邊閱讀、看電視、聽廣播、聊天、玩手機或電腦,而是專心坐著吃飯、只有吃飯,看著食物、嗅聞飯香、品味口感和享受味道,並且意識到正在咀嚼與吞嚥?上次光是吃飯,就能取得我們全部注意力的,是什麼時候?(這項任務對我來說不會比對你來得簡單)

許多時候,人類會覺得當下很無聊,因此學習活在當下、留意當下的最大困難點在於:**我們並不真的想這麼做**。對我們來說,「現在」感覺起來不太足夠,因為我們沒有真的在留意。不覺得奇特嗎?我們可以陶醉在電動遊戲或電影之中幾分鐘或幾小時,卻很難全然專注在晚餐上幾秒鐘?我們躁動不安的心從過去奔馳到未來,總是在回憶、評論、懊悔、重播、期盼、計畫與期望,這一切都和當下沒有關係。作家艾倫‧維特(Alan Watts)說過:「對大部分人來說,回憶和期望的力量如此強大,以至於過去與未來……似乎比現在『更為』真實。」

有天我在體育館練習,蘇格拉底看著我從單槓上飛越而下,完成一項困難的空中動作,然後我雙腳穩穩著地,將雙拳舉向天空,宣告練習完美結束。接著我脫掉運動

衫，將它塞進運動袋裡，然後離開體育館，正當我們走在走廊上時，他說：「丹，你知道嗎，你最後一個動作非常鬆散。」

「你在說什麼啊？」我問道。「那是我這麼久以來，最棒的一次落地耶！」

「我不是講落地。」他回答道。「我說的是你脫下運動衫，把它塞進袋子裡的樣子。」

我發現我將一個時刻視為特別的（鍛鍊體操），然後將另外一個時刻視為平凡無奇，而蘇格拉底再次提醒我，並沒有所謂平凡無奇的時刻。這項體認與挑戰是我們人生中的關鍵，將會決定每一刻的品質：我們可不可以、會不會學著愛上當下？能不能鍛鍊出一種能力，讓自己對每一個升起的當下付出同等的注意力，就像正在陪伴一位摯友或愛人，或甚至是玩線上遊戲一樣？當剩餘的時間像一粒粒沙子般從沙漏中溜走，我們是否會突然醒悟到每一個當下的無限價值？

當我們對當下付出越多注意力，就越能實現第四種人生目的。

4-4. 讓我們的生活成為一門藝術

我們做一件事的態度反映出做所有事的態度。
精通一件事情，我們就精通了自己。

廣袤無垠的宇宙銀河系裡，我們從無中所生，誕生在這一片物質界中，落在這一顆藍綠色、旋轉不已的懸浮塵粒上頭。我們可能會苦思自己為何或怎麼來到這裡，或是冥想空間的盡頭在哪裡，但又苦無答案，因為所有的偉大問題最後都造成驚豔和驚嘆——或許還有感恩，感謝自己受邀前來參加這一場盛宴。在數算著自己的幸運時，我們可能會感到渴望有所回報，於是踏上服務之路。服務是旅途中的甜美果實，幫我們打開通往喜樂的大門。

想像一下，由於一次陰錯陽差的命運安排，某天早上醒來時，我們發現自己身陷監牢，而且晚上就要被處決。我們透過監獄的欄杆向外張望，看到了最後一次日出的曙光，一隻公雞在遠方啼叫，聲音聽來既哀戚又甜蜜。我們貪婪地記著那一天的每道光亮、每種聲音、每種味道和每種香氣，那天卻轉瞬即逝！吃下最後一頓晚餐後，外面的陰影越拉越長，當太陽終於落下時，我們對那一天的光亮說了最後一聲再見，因為自己再也看不到下一次的日出。每過一分鐘，我們就越靠近最後的道別、禱告與最後一口呼吸。

　　這樣的末日等著我們每一個人。我們也許可以事先知道自己的終日將近，也許只有幾分鐘可以準備，或甚至完全措手不及。但是當劊子手高舉起斧頭時，有許多人會想大喊出聲：「拜託，再等我一下！讓我再呼吸一口甜美的空氣！再讓我看一眼、聽一下，再讓我觸摸一次愛人的身體！」

　　現在就是最好的時機。抬頭看看四周、側耳聆聽周遭的聲音、深深吸一口氣、花些時間造訪大自然（可以是高

山、海灘或花園），觸碰你心愛的人，在生命還在繼續時活出最棒的自己。至於還有多少個片刻？沒人說得準。

最高段的生命練習

我們總是在**做**事，例如洗碗、洗衣、逛街。我們工作、苦幹實幹、打字、協助同事或說話，但很少人會**練習**。做事和練習的關鍵差別在於，當我們練習一項行為時，不只是當作例行公事般重複，而是努力去改善或提升現在在做的事情，無論是唸自己的名字、打開一扇門、採買日常用品、在馬路上會車或摺疊衣物。

我們習慣練習一項運動、一支舞蹈、一個遊戲或一項樂器，很自然地，在這些正式的訓練活動中，我們了解自己想要改善哪些，諸如揮拍、跳躍、擺盪或彈奏。我們將這些活動視為特別的，將它們與日常生活加以區隔，彷彿它們值得我們全然的注意力，這也是為什麼蘇格拉底曾對我說：「丹，我們之間的不同之處在於，你練習體操，而我練習一切。」

想想看！如果練習每個片刻和我們所做的一切，會變

成怎麼樣？試著留意我們如何將叉子上的食物送進嘴中、呼吸還有咀嚼，留意我們所說的話和說的方式。我了解，對一些比較執迷或神經質的人來說，練習一切的想法可能會成為強迫性、永無止盡的自我改善計畫，但這完全不是重點。

　　我所建議的練習創造出生活的藝術，讓我們的生活成為一門藝術。我們的表現是獨一無二且與眾不同的，因為沒有人能用一樣的方式生活。當我們**練習**自己所做的一切，注意力自然會回到每個升起的當下，我們自然地踏進流動之中，進入一種狀態。我們成為一片飄過天空的雲朵，不急著趕到風的前頭，也不會拖在後頭，而是自然地移動，再次回到中國智者所說的「與道合一」。

　　這就是我的練習之道。我仍然是新手，但我全心投入，而且帶著這樣的信念來練習：我們總會隨著時間進步。第一步是誠心誠意地尊重每一個經過的當下，並將每個動作當成是在上千名觀眾眼前表演。請記得，我們做一件事的態度反映出做所有事的態度，這也是為什麼禪宗大師說：「如果你可以好好奉一杯茶，你就能做好所有

事情。」精通一件事情，我們就精通了自己。因此無論正在做什麼，都隨機式地問自己：我在呼吸嗎？我是放鬆的嗎？我是否帶著優雅的移動？

「道」的觀念是東方靈性傳統的基石，由此延伸出花道、書法、茶道以及許多武術傳統，還有坐禪和動禪。它們本身並非目的，卻可以照亮前方道路、澄澈我們的心和腦，提供生活藝術的範本，並且打開解構自我的大門，因為那時的我們全心浸淫於其中，就像小孩子一樣。我們失落的，可以藉此再找回來，同時這也是我們「變得像孩子一樣」或是進入「天堂國度」的方法。

練習我們所做的一切。留意細微的小事情，例如細微地調整姿勢以釋放壓力、放鬆地呼吸、記得微笑，單純只是為了享受笑的愉悅。祕訣就是這八個字：**此時此地、呼吸放鬆**。在我們所做的一切事情當中練習，生命就會漸入佳境。

在當下，所有一切合而為一

儘管我們可能聽過「只要存在就好」的論調，或是

「你做什麼不重要，你是誰才重要」這種說法，但我有不同的想法。我認為以我們在世界上的存在和對世界的影響力來說，我們（大體上）就是自己的行為，所以，改變行為可以改變我們的存在認同，而改變就在每個片刻之中累積。

我們不需要正面思考，也不需要感到平和、自信或充滿同理心、快樂或愛。我們只需要相信那樣的生活之道，然後無論何時想起來，都盡力嘗試即可。這項練習啟動並慶祝我們的人性和精神的美好，同時反映了「**和平勇士之道**」的精髓。

生命的第四種目的是一生的練習，它將其他三種目的整合融入當下之中。這需要我們利用在旅程上學到的所有東西，而我們可以將每天的生活轉化為個人進化的過程，並讓每個片刻擁有新的意義與目的。

在每個呼吸留意這一刻，同時隨機地靜靜問自己：「我在這個升起的當下，目的是什麼？」然後做一切需要做的，擁抱奇異、美妙又變化萬千的種種目的，那些目的將形塑我們的、以及所有人的生命故事。

致謝

每本書都有自己的故事，以及自己的角色。大部分的書和這一本一樣，都從孤軍奮戰開始：本來只是作者腦袋中的一個想法，這個衝動後來化為一項任務，然後就是長時間的孤獨，挑戰一張又一張的空白頁面，用最初的創意泉源將它們填滿。但是遲早作者會需要其他人提供回饋、觀點與編輯成書上的指引。

本書的完成仰賴許多人的功勞：我的太太喬依（Joy）、女兒瑟雅（Sierra）、還有我的朋友道格‧喬德斯（Doug Childers），他們自願閱讀第一版的初稿，穿越蔓草叢生的廢話莊園，一路披荊斬棘、除去雜草，尋找值得保留的段落，幫助我除去延伸過度的段落，好讓第二版看起來像是整地過的花園，而值得繼續深耕的想法則整齊地排在田地上。

然後我將手稿準備好，送給 H J Kramer 出版公司的

琳達・奎梅爾（Linda Kramer），他們和新世界圖書館（New World Library）共同發行書籍。她立即看出本書的潛力，並當場提出一份合作提案，於是一間出版公司加入出版本書的行列。

　　然後是一批讀者群的加入，包括Martin Adams、Holly Deme、Alex Deme、Peter Ingraham、David Moyer、Beth Wilson，他們都對本書提出了頗有見地的評語和觀點。

　　重寫了某些段落後，我將手稿寄給自由編輯Nancy Carleton，她的編修又讓我重寫了一些段落，最後我才將完整的稿子寄給新世界圖書館的編輯生產團隊，交由編輯群Kristen Cashman與Jason Gardner潤飾字句，接著書籍設計公司（the Book Designers）的Alan Hebel和Ian Shimkoviak設計封面，Tona Pearce Myers排版，Karen Stough校稿，最後Munro Magruder和Monique Muhlenkamp策劃了行銷宣傳。

　　此外，我還要感謝H J Kramer出版公司的國外版權部總監Suezen Stone，她勤奮不懈地聯絡海外的出版商，邀請他們針對這本新書提出購買版權的提案。

一本書從嬰兒時期到最後長大成人，需要一整個村莊的人力和努力，才能讓它順利問世，而我十分感謝提供協助的每一個人。

【附錄一】
如何算出生命靈數

只要會基本的加法（例如2+4+3+6），就能透過以下幾個簡單步驟計算自己的生命靈數：

1. 將正確的出生年月日以數字寫出來，例如一九七五年四月二十日出生，就寫成1975-4-20。記得，要將出生年的四位數字都寫出來，像是1975（而不是'75）或2010（而不是'10）。

2. 將每個數字分別加起來成為一個總數，以上面的例子來算，就是1+9+7+5+4+2+0=28。請注意，每個數字都要分開來加，例如四月二十日要算成4+2+0（而不是4+20）。

3. 得到一個總數後（剛才的例子是28），再將這兩個數字「融為一體」，也就是加在一起得到最後的總合，所以28就變成2+8=10——這就是最後算出來的生命靈數（以

本例而言），寫法為28／10（總和／再總和）＝（組成元素／主要元素）。

4. 生命靈數由斜線左右方的數字所組合，都有意義。斜線右方是再總和，是生命靈數的主要元素，透露我們如何整合生命的道途，通常是1～9的個位數，請詳閱第三章有關每個數字的介紹。如果斜線右方是兩位數，比如10，那麼1和0都是我們的主要元素，請看數字1的解釋，而0代表的是內在禮物（0不做其他解讀，故不包含在1～9的九種生命道途解釋中）。

5. 斜線左方的總和通常是兩位數，個位數與十位數的數字都代表我們整合生命、達成目前的主要天賦元素與挑戰，需一併參考解讀。比如生命靈數10，可能會有各種不同的組成元素：28／10、55／10、37／10，這些都代表不同的天賦潛能。

其他範例如下：

• 一九八八年十月二十日：1988-10-20

1+9+8+8+1+0+2+0=29，最後變成29／11（形成四位數
的生命靈數）。

- 一九六〇年三月三日：1960-3-3
  1+9+6+0+3+3=22，最後變成22／4（形成三位數的生命
  靈數）。
- 二〇〇三年二月二十日：2003-2-20
  2+0+0+3+2+2+0=9（形成一位數的生命靈數）。

請再次檢查並複算計算結果，也可以透過丹·米爾曼
「和平勇士」（www.peacefulwarrior.com）網站上的「生
命目的計算機」檢查，且網站上會提供額外的資訊。

【附錄二】
延伸閱讀

如果讀者想針對特定主題做更深入的探討，推薦參考以下丹・米爾曼所寫的書籍。

生命學校
・《深夜加油站遇見蘇格拉底》，2006，心靈工坊出版
這本書呈現和平勇士與生命學校的基本練習，其中有一些章節討論到普遍性的成癮行為與能量管理，這是在丹的其他本著作中沒有提到的。

必修課程
・《*Everyday Enlightenment: The Twelve Gateways to Personal Growth*》（暫譯：每日覺醒——十二條通往個人成長的道路）
《生命如此富有》所介紹的課程編排和內容，只是生命學校每個科目的簡單介紹，而《每日覺醒》則針對生命的十二項課題提供深入的見解。

學校規則

· 《鹿智者的心靈法則》2011，心靈工坊出版

這本書描繪了主角與一位神祕女智者的山中冒險，她透露特定的心靈法則，包括平衡、選擇、過程、行動、臣服和合一，同時描述如何將它們運用在日常生活中。

九條生命道途

· 《生命數字全書》1999，商周出版

《生命如此富有》中關於九個生命靈數的簡單描繪僅是簡介，背後還有更深厚的基礎方能構成生命目的系統，有興趣的讀者可參考這本書，也可使用Life-Purpose 這個APP程式。

其他

· 《*Bridge Between Worlds: Extraordinary Experiences That Changed Lives*》（暫譯：連結世界的橋樑——改變生命的超凡經驗）

這本書適合喜愛紀錄式生命故事的讀者，這些故事能拓展想像力，提醒我們生命的神祕本質，同時也適合那些享受戲劇性的故事，藉以提醒自己生命種種神奇可能性的讀者。

· 《*The Journeys of Socrates*》（暫譯：蘇格拉底的旅程）

這趟英雄旅程要從俄國說起，以一八七二年的死亡與新生命誕生開始，敘述一位丹·米爾曼稱呼為「蘇格拉底」的男士的生命、苦難和蛻變。這本書描述了男孩如何長大成為男人、男人如何磨練成為勇士，最後勇士又如何找到和平之道。

生命如此富有：
活出天賦潛能的心靈密碼
The Four Purposes of Life : finding meaning and direction in a changing world
作者—丹·米爾曼（Dan Millman）　譯者—陳芳誼

出版者—心靈工坊文化事業股份有限公司
發行人—王浩威
總編輯—王桂花
執行編輯—林依秀
內頁編排—黃玉敏
通訊地址—10684台北市大安區信義路四段53巷8號2樓
郵政劃撥—19546215　　戶名—心靈工坊文化事業股份有限公司
電話—02）2702-9186　　傳真—02）2702-9286
Email—service@psygarden.com.tw
網址—www.psygarden.com.tw

製版·印刷—中茂分色製版印刷事業股份有限公司
總經銷—大和書報圖書股份有限公司
電話—02）8990-2588　　傳真—02）2290-1658
通訊地址—248新北市五股工業區五工五路二號
初版一刷—2012年8月　　初版五刷—2019年5月
ISBN—978-986-6112-48-5　定價—250元

國家圖書館出版品預行編目（CIP）資料

生命如此富有：活出天賦潛能的心靈密碼／丹·米爾曼（Dan Millman）著；
　陳芳誼譯. —— 初版. —— 臺北市：心靈工坊文化，2012.08
　面；公分（Holistic；78）
譯自：The four purposes of life : finding meaning and direction in a changing world
ISBN 978-986-6112-48-5（平裝）
1.生命哲學　2.靈修

191.91　　　　　　　　　　　　　　　　　　　　　　　101013639